反トラスト法と協同組合
日米の適用除外立法の根拠と範囲

高瀬雅男

日本経済評論社

まえがき

　本書は副題が示すように，日米の協同組合のための反トラスト法・独禁法適用除外立法の根拠と範囲を論じるものである．独禁法22条は一定の要件を備えた協同組合の行為に対して独禁法の適用を除外しているが，22条には解釈問題と立法問題がある．

　解釈問題とは22条の適用除外の範囲をめぐる学説の争いであり，適用除外の範囲を広くとる学説（但書控除適用除外説，少数説）と狭くとる学説（解釈内部行為適用除外説，多数説）に分かれている．どちらの学説を採るかによって，適用除外の範囲は広くにもなり，狭くにもなり，組合員や国民生活への影響も違ってくる．

　立法問題とは独禁法22条の適用除外規定それ自体を見直そうとする政府の動きである．これまでに22条但書の見直しや農協連合会への適用除外の見直しなどが提起されてきた．

　ところで解釈問題であれ，立法問題であれ，その根底にあるのは協同組合に対する独禁法適用除外の根拠（必要性）は何か，適用除外の範囲はどこかという問題である．独禁法22条はアメリカの反トラスト法適用除外立法（クレイトン法6条，カッパー＝ヴォルステッド法など）を継受したのにもかかわらず，日本の学説は長年にわたりアメリカの適用除外立法の根拠と範囲に関する研究をほとんどしてこなかった．その結果，学説はアメリカ法についての十分な知見のないまま，独禁法22条の適用除外の根拠と範囲を論じてきたのである．

　そこで本研究は学説の分かれる独禁法22条の適用除外の解釈の方向性を明らかにすることを課題として，独禁法22条が継受したアメリカの反トラスト法適用除外立法の適用除外の根拠と範囲に関する研究を行い，これをベ

ースにして独禁法22条の適用除外の根拠と範囲について論じることにしたい．すなわち本書は，(i)独禁法22条の母法であるアメリカの反トラスト法適用除外立法の根拠と範囲及び適用除外立法の到達点を明らかにしつつ，(ii)これらがアメリカの対日占領政策を通じて，どのように継受され，原始独禁法24条の立法者意思になったのかを明らかにし，これらを踏まえて，(iii)学説が独禁法22条の適用除外の根拠と範囲をどのように考え，また公取委がどのような法運用をしているのかを明らかにし，(iv)最後に独禁法22条の適用除外の解釈の方向性を明らかにすることを課題にする．これによって独禁法22条の解釈問題の解決の方向性が明らかになると考える．

目次

まえがき

第1章　問題の所在と課題………………………………………………… 1

　1　問題の所在　1
　2　先行研究　3
　3　本書の課題　5

第2章　農協とシャーマン法……………………………………………… 9

　1　はじめに　9
　2　イギリス・コモン・ローにおける独占及び取引制限の法理　9
　3　アメリカ・コモン・ローによる独占規制の限界と反トラスト法　11
　4　反トラスト法適用問題の発生　16
　5　シャーマン法執行と農民運動の課題　18

第3章　農協とクレイトン法……………………………………………… 27

　1　はじめに　27
　2　反トラスト法修正運動　28
　3　スタンダード石油事件連邦最高裁判決と合理の原則　32
　4　下院における法案審議　34
　5　上院における法案審議　44
　6　クレイトン法6条制定の意義　47

第4章 農協とカッパー＝ヴォルステッド法……………………… 57

 1 はじめに 57

 2 カッパー＝ヴォルステッド法制定の背景 59

 3 カッパー＝ハースマン法案（1919年） 65

 4 カッパー＝ヴォルステッド法案（H.R. 13931, 1920年） 69

 5 カッパー＝ヴォルステッド法案（H.R. 2373, 1921年） 82

 6 カッパー＝ヴォルステッド法制定の意義 95

第5章 農協と合憲性の獲得…………………………………………… 103

 1 はじめに 103

 2 標準法の普及と公共政策の変更 104

 3 排他的販売契約に関する判決 108

 4 その他の連邦適用除外立法 117

 5 州反トラスト法適用除外立法の合憲性の獲得 118

 6 反トラスト法適用除外立法の到達点 121

第6章 原始独禁法24条の立法過程………………………………… 125

 1 はじめに 125

 2 対日占領政策と独禁法，協同組合 126

 3 内部行為適用除外の立法過程 131

 4 外部行為適用除外の立法過程 134

 5 継受したもの，しなかったもの 138

 6 外部行為適用除外付加の理由 141

第 7 章　適用除外学説と公取委の法運用 ……………………… 145

　　1　はじめに　145
　　2　適用除外制度の変遷と主要論点　146
　　3　適用除外学説の検討　149
　　4　公取委の法運用の検討　156
　　5　まとめ　161

第 8 章　結　論 ……………………………………………………… 165

　　1　研究の要約　165
　　2　独禁法 22 条の解釈の方向性　169
　　3　残された課題　171

　参考文献　175
　あとがき　183
　初出一覧　190

第 1 章　問題の所在と課題

1　問題の所在

　独禁法（私的独占の禁止及び公正取引の確保に関する法律，1947 年法律 54 号，以下「独禁法」という）22 条（1999 年以前は 24 条）は，つぎのように一定の要件を備えた協同組合の行為に対して独禁法の適用を除外している．

> 【独禁法 22 条】　この法律の規定は，次の各号に掲げる要件を備え，かつ，法律の規定に基づいて設立された組合（組合の連合会を含む.）の行為には，これを適用しない．ただし，不公正な取引方法を用いる場合又は一定の取引分野における競争を実質的に制限することにより不当に対価を引き上げることとなる場合は，この限りでない．　一　小規模の事業者又は消費者の相互扶助を目的とすること．　二　任意に設立され，かつ，組合員が任意に加入し，又は脱退することができること．　三　各組合員が平等の議決権を有すること．　四　組合員に対して利益分配を行う場合には，その限度が法令又は定款に定められていること．

　すなわち独禁法 22 条の適用除外要件は，組合員要件（小規模事業者又は消費者），組織要件（法律に基づく設立），協同組合要件（相互扶助，任意設立・加入脱退の自由，議決権の平等，出資配当の制限），活動要件（組合（連合会）の行為．但し不公正な取引方法を用いる場合，又は一定の取引分

野における競争を実質的に制限することにより不当に対価を引き上げることとなる場合を除く）の各要件から構成されている．

なお原始独禁法24条の適用除外規定は，「不公正な競争方法」が「不公正な取引方法」に（1953年），条文番号が24条から22条に改正（1999年）された以外は，実質的に変更されることなく今日に至っている．

さてこの22条には解釈問題と立法問題がある．解釈問題とは22条の活動要件，すなわち適用除外の範囲をめぐる学説の争いである．第1の学説は22条の「組合の行為」を文言通り内部行為（組合と組合員，組合員相互間の行為）及び外部行為（組合と外部・第三者との行為）を含む組合の行為すべてと解し，適用除外の範囲を但書を控除した内部行為・外部行為の範囲とする学説（「但書控除適用除外説」という）であり，独禁法の立法に携わった人たちが唱えた学説[1]である．第2の学説は「組合の行為」を各種協同組合法の共同経済事業又は列挙事業・内部行為と解し，適用除外の範囲を内部行為に限定する学説（「解釈内部行為適用除外説」という）であり，現在の多数説[2]である．どちらの学説を採るかによって，適用除外の範囲は広くにもなり（但書控除適用除外説），狭くにもなり（解釈内部行為適用除外説），組合員や国民生活への影響も違ってくる．

立法問題とは独禁法22条の適用除外それ自体を見直そうとする政府の動きであり，1990年代から政府の各種規制改革会議で検討が始められた[3]．当初は独禁法22条但書の見直しであったが[4]，2000年代になると農業政策の観点から22条を問題視し，農協連合会の適用除外を見直す動きになってきた[5]．さらに規制緩和の動きは加速され，2015年の農協法改正では，農協の株式会社化が可能になり，独禁法22条の改正を経ることなく，株式会社「農協」への独禁法の直接適用が可能になった．今後，農業分野への投資先を求める農外資本の参入を促進するため，イコール・フッテング論に基づく独禁法22条見直し論が強まるかもしれない．

ところで解釈問題であれ，立法問題であれ，その根底にあるのは協同組合に対する独禁法適用除外の根拠（必要性）は何か，適用除外の範囲はどこか

という問題である．この点に関してわが国の学説は必要な法理論的解明をほとんど行ってこなかったようにみえる．すなわち独禁法22条はアメリカの反トラスト法適用除外立法（クレイトン法6条，カッパー＝ヴォルステッド法など）を継受したものであるが，アメリカの適用除外立法の適用除外の根拠（必要性）や範囲に関する掘り下げた研究はほとんど見当たらない．ちなみにアメリカの反トラスト法適用除外立法に関する主要な先行研究をみてみよう．

2　先行研究

矢沢惇「アメリカにおける反トラスト法の形成(1)(2)(3完)」（法律時報19巻4号20頁・5号73頁・7号22頁（1947年），『企業法の諸問題』352頁，商事法務研究会，1981年）は，戦後初期にアメリカ反トラスト法の形成と発展について最初に体系的に論じた貴重な業績である．本論文は第1次世界大戦頃から一般法たる反トラスト法に対する例外を定める特別法が定められるようになったことに注目し，それは一般原則が「條理の原則の立法化」によって，特別の状況に適合するように特殊化されたのであって，原則を変更したものではなく，従ってその適用除外の限界は厳格に設定されていると指摘する．そして特別法の一例として，クレイトン法6条及びカッパー＝ヴォルステッド法（以下「CV法」という）をあげている（他の一例は各種公益事業法，筆者注）．つまり矢沢論文は，反トラスト法適用除外立法が「合理の原則の立法化」として一般法である反トラスト法の特別法として制定されたものであって，適用除外の限界は厳格であるという．矢沢論文はアメリカの反トラスト法適用除外立法の根拠と範囲について直接研究をしたものではないが，「合理の原則の立法化」という重要な分析枠組みを提供している．

丸山稔①「アメリカ反トラスト法の適用除外と協同組合」（商工金融35巻10号3頁，1985年），②「アメリカにおける協同組合とCapper-Volstead

法」(商工金融 35 巻 11 号 27 頁, 1985 年) がある. ①論文は, John Hanna の論文[6]の翻訳紹介であり, また②論文は「反トラスト法及び手続検討全国委員会の大統領及び司法長官への報告」の「第 12 章 農業」[7]の翻訳紹介である. いずれも論文や報告書の紹介にとどまり, 適用除外立法の根拠や範囲について直接研究したものではない.

及川信夫「協同組合と独占禁止法の適用除外の問題」(公正取引 310 号 2 頁, 1976 年) は, ①独禁法制と協同組合法制の共通基盤, ②協同組合の独禁法適用除外立法の歴史などを論じたものである. ①について及川論文は, 日本に協同組合法制の一般法が存在しない現在, 協同組合の理念型が独禁法適用除外要件に定められていることは, 独禁法制を必要とする理由と協同組合法制を必要とする理由とが共通の経済的社会的条件にあるからと指摘する. すなわち大企業の無制限な経済的支配力を抑制すること (独禁法制), 小規模事業者や消費者が大企業と対等に取引し競争できるようにすること (協同組合法制) とは, 高度に発達した資本主義経済及び社会の欠陥を是正し, 経済民主主義を推進するために, 共通の目的をもった欠くことのできないものであるという. この指摘は, 独禁法制と協同組合法制の関係, 適用除外の根拠と範囲を考えるうえで, 重要な指摘である.

また②について及川論文は, 裁判所は不合理な取引制限のみがシャーマン独禁法に違反すると判示するが,「合理の原則」という裁判上の法理だけでは問題解決に至らず, クレイトン法 6 条が立法されたという. これは, 矢沢論文の指摘と同じく, 適用除外立法が「合理の原則の立法化」として制定されたことを指摘するものであり, 参考になる. また及川論文は CV 法の目的について,「事業会社によって既に用いられている企業組織形態の利点を農民たちが活用しうるように, 企業組織形成に関する従来の法律を改正すること」にあり (ヴォルステッドの発言),「会社においては既に与えられている, 団結して取引する権利を農民たちに与えること」(カッパーの発言) であると指摘しており, これも CV 法の適用除外の根拠を示す重要な指摘である. 本論文も, クレイトン法 6 条や CV 法などの適用除外立法の根拠や範囲を直

接研究したものではないが，これらを研究するうえでの重要な示唆が含まれており，参考になる．

　長瀬一治「日米の農業協同組合と独占禁止法の適用除外」（本郷法政紀要4号196頁，1995年）は，①アメリカにおける適用除外立法の形成，②日本における適用除外立法の形成，③適用除外の存在意義について論じている．①について長瀬論文は，クレイトン法制定以前の農協に関する判決やCV法の各要件に関する多数の判決を1980年代に至るまで詳細に紹介しており，アメリカの適用除外の範囲を知るうえで，極めて有益である．しかしクレイトン法やCV法の適用除外の根拠や範囲を具体的に研究したものではない．

　つぎに②について本論文は，原始独禁法の制定過程と24条但書に関する多数の審決・判決を詳細に紹介しており，ここでも適用除外の範囲を知るうえで有益な研究である．しかし本論文は，総合研究開発機構『財閥解体・集中排除関係資料』（1998年）や西村暢史＝泉水文雄「一九四七年独占禁止法の形成と展開」（神戸法学雑誌56巻2号51頁，2006年）が刊行される以前に執筆されたため，原始独禁法の立法過程に関する最新の資料や研究成果が反映されていない点が惜しまれる．

　以上のように先行研究をみると，アメリカの反トラスト法適用除外の根拠と範囲を直接研究した業績はほとんど見当たらない．但し，矢沢論文や及川論文の指摘する独禁法制と協同組合法制の目的の共通性，「合理の原則の立法化」，適用除外立法の法的根拠などは，反トラスト法適用除外立法を研究する上での指針になる．

3　本書の課題

　以上のようにわが国の学説は，アメリカの適用除外立法の根拠と範囲に関する研究をほとんど行ってこなかったことは確かである．そこで本書は学説の分かれている独禁法22条の適用除外の解釈の方向性を明らかにすることを課題とし，独禁法22条が継受したアメリカの反トラスト法適用除外立法

の適用除外の根拠と範囲に関する研究を行い，これをベースにして独禁法22条の適用除外の根拠と範囲について論じることにしたい．すなわち本書は，(i)独禁法22条の母法であるアメリカの反トラスト法適用除外立法の根拠と範囲及び適用除外立法の到達点を明らかにしつつ，(ii)これらがアメリカの対日占領政策を通じて，どのように継受され，原始独禁法24条の立法者意思になったのかを明らかにし，これらを踏まえて，(iii)学説が独禁法22条の適用除外の根拠と範囲をどのように考え，また公取委がどのような法運用をしているのかを明らかにし，(iv)最後に学説の分かれている独禁法22条の適用除外の解釈の方向性を明らかにすることを課題にする．これによって独禁法22条の解釈問題の解決の方向性が明らかになると考える．

そのため本書はつぎのような章別構成をとることにした．第1章は独禁法22条をめぐる問題の所在と課題について論じる．つぎに第2章から第5章までは，本書のベースになるアメリカの反トラスト法適用除外立法の根拠と範囲及び適用除外の到達点について論じる．まず第2章はアメリカ反トラスト法の母法であるイギリス・コモン・ローの独占及び取引制限の法理及びその違法性判断基準（解釈基準）を取り上げ，合理の原則がどのようにして形成され，どのような内容の基準であるかを明らかにする．

ついで19世紀アメリカにおいて，コモン・ローによる独占規制からどのようにして州反トラスト法，連邦シャーマン法が制定されたのかを明らかにする．その結果，農協に対する反トラスト法適用という問題が顕在化し，これを回避するために制定された州適用除外立法がどのような理由で違憲とされたのかを明らかにする．

第3章はクレイトン法6条の適用除外の根拠と範囲を論じる．まず裁判所がシャーマン法の違法性判断基準に合理の原則を採用したことにより，適用除外立法制定の可能性が生まれたことを指摘する．ついで連邦議会の法案審議を詳細に検討し，クレイトン法6条の適用除外の根拠と範囲を明らかにする．

第4章はカッパー＝ヴォルステッド法（CV法）の適用除外の根拠と範囲を論じる．まずクレイトン法6条の問題点を指摘し，ついで連邦議会の法案

審議を詳細に検討し，適用除外の根拠と範囲を明らかにする．なお本章では科学研究費の交付（基盤研究(C)，2007～2009年度，課題番号19530043，「協同組合に対する独占禁止法適用除外に関する日米比較研究」）を受けてアメリカで収集した一次資料（連邦議会議事録，委員会報告，公聴会報告など）を使用する．

　第5章は州反トラスト法適用除外立法の合憲性の獲得について論じる．各州への標準法（標準販売協同組合法）の普及がどのように裁判所の判断に影響を与え，州反トラスト法適用除外立法の合憲性を獲得したのかを明らかにする．あわせて適用除外立法の到達点を明らかにする．

　第6章はアメリカの反トラスト法適用除外立法の根拠と範囲が，アメリカの対日占領政策を通じてどのように原始独禁法24条に継受され，立法者意思になったのかを明らかにする．まず対日占領政策における独禁法と協同組合の位置づけを明らかにし，ついで独禁法24条の立法過程において，エドワーズ報告書の内部行為適用除外にどのようにして外部行為適用除外と但書が付加されたのかを明らかにする．

　第7章は独禁法24条に関する学説と公取委の法運用を検討する．まず学説を取り上げ，但書控除適用除外説，新但書控除適用除外説，解釈内部行為適用除外説を検討し，それらの学説が指向する解釈の方向性を明らかにする．ついで公取委の法運用を取り上げ，公取委が指向する適用除外の方向性を明らかにする．

　第8章は本研究の成果を要約し，望ましい適用除外の方向性を考察する．まず学説の22条解釈の方向性及び公取委の法運用の方向性を確認する．これらを踏まえて，筆者の独禁法22条の適用除外の解釈の方向性を明らかにする．これによって独禁法22条の解釈問題の解決の方向性が明らかになると考える．

注
1) 石井良三『独占禁止法　過度経済力集中排除法』294-301頁（海口書店，改訂

増補版,1948),商工省企画室『独占禁止法の解説』46-47頁(時事通信社,1947),橋本龍伍『独占禁止法と我が国民経済』62-65頁(日本経済新聞社,1947).
2) 糸田省吾「協同組合」正田彬編『カルテルと法律』217-229頁(東洋経済新報社,1968),来生新「第24条」今村成和ほか『注解経済法上巻』502-511頁(青林書院,1985),実方謙二『独占禁止法 有斐閣法学叢書4』420-425頁(有斐閣,1998),馬川千里「協同組合と独禁法の適用除外」駿河台法学17巻2号3-39頁(2004),村上政博『独占禁止法』65-68頁(弘文堂,3版,2010),土田和博「協同組合に対する適用除外(22条)」金井貴嗣ほか『独占禁止法』465-471頁(弘文堂,5版,2015),和田健夫「協同組合」岸井大太郎ほか『経済法』159-161頁(有斐閣,8版,2016)など.
3) 最近の独禁法適用除外見直しの経緯については,明田作「協同組合の独禁法適用除外制度の見直しをめぐる動向と問題点」JC総研『協同組合の独禁法適用除外の今日的意義』7-24頁(2015),公正取引委員会『独占禁止政策の歩み(平成9年〜19年)』13-33頁(2007)が詳しい.
4) 「規制緩和推進3か年計画」(1998年3月31日,閣議決定)など.
5) 総合規制改革会議「第2次答申」(2002年12月12日)など.
6) 主にJohn Hanna, Cooperative Associations and the Public, 29 MICH. L. REV. 148(1930)及びAntitrust Immunities of Cooperative Association, Brainerd Currie, editor, 13 Cooperation 488(1948).
7) Report to the President and Attorney General of the National Commission for the Review of Antitrust Laws and Procedures 253, ch. 12, AGRICULTURE (1979).

第2章 農協とシャーマン法

1 はじめに

　本章から第5章までの課題は，課題(i)の独禁法22条の母法であるアメリカの反トラスト法適用除外立法の根拠と範囲及び適用除外立法の到達点を明らかにすることである．この課題の前提をなすのが，なぜアメリカで反トラスト法が制定されたのか，またなぜ独占のみならず農協に対しても反トラスト法が適用されるようになったのかという問題である．これらの問題を解明するためには，迂遠ではあるが，アメリカが継受したイギリス・コモン・ロー（判例法）における独占及び取引制限の法理及びその違法性判断基準（解釈基準）である「取引を制限するすべての契約を無効とする原則」と「合理の原則」について遡って検討する必要がある．とくに先行研究によれば，反トラスト法適用除外立法は「合理の原則の立法化」として制定されたといわれているので，「合理の原則」とは何かを解明しておかなければならない．なおアメリカにおいて反トラスト法の適用が問題になるのは，販売農協であるので，特に断りのない限り農協とは販売農協を指す．

2 イギリス・コモン・ローにおける独占及び取引制限の法理

　イギリスにおいて独占及び取引制限の法理及びその違法性判断基準（解釈基準）である「取引を制限するすべての契約を無効にする原則」と「合理の

原則」はどのように形成されたのであろうか．近世イギリスにおいて，独占及び取引制限の法理が形成された背景には，国王の勅許独占と都市ギルドの営業独占がある．まず独占の法理であるが[1]，近世イギリスでは，国王が都市ギルドに対して一定の献金の見返りとして排他的特権を付与したり，恩賞として寵臣に対して特定商品を購入・売却・製造・使用する特権を付与する慣行が行われ，特にエリザベス女王の時代に勅許が濫発された．その結果，従来，臣民が自由に行っていた特定商品の製造・販売が制限されたり，勅許独占された商品の価格が引き上げられるなど，勅許独占の弊害が顕著になり，臣民の不満が高まった．

国王の勅許状の効力が争われた裁判において，裁判所は，国王の勅許状はコモン・ローに違反し，無効であると判示した（ダーシー事件判決，1602年）[2]．本判決は，独占の弊害として，①商品の価格の高騰，②商品の品質の低下，③職人等の怠惰と貧困化をあげている．本判決により，国王による勅許独占を違法とする法理が確立したが，その後も勅許独占は行われた．そこで議会は，反独占法（Statue of Monopolies, 1624年）を制定し，これらを原則禁止したが，例外も多く残された．1640年，長期議会は大部分の勅許独占を無効と宣言し，さらにそれらは名誉革命後の1689年に終局的に廃止された．

つぎに取引制限の法理であるが，取引制限とは，①営業譲渡に付随してなされる営業制限の特約，②脱退した組合員，社員が一定期間営業に従事しない特約，③徒弟・使用人が徒弟期間又は雇用期間終了後，親方又は雇用主と競争しない旨の特約を，広く意味する．本稿で検討するのは，①の営業制限特約の効力である．

裁判所は，17世紀初頭までに，営業譲渡契約に付随する営業制限特約（取引制限特約ともいう）について，営業を制限するすべての契約は，公共政策に違反し無効であると判示した（ダイヤース事件判決，1414年，取引を制限するすべての契約を無効とする原則）[3]．

その後，裁判所は，徐々に特約の効力を認めるようになった（ロジャーズ

事件判決, 1614 年)[4]. 18 世紀になると, 裁判所は英国全土にわたり一般的に制限する特約は当然無効であるが, 部分的に制限する特約は, 合理性が認められれば有効であると判示した（ミッチェル事件判決, 1711 年, 一般的制限・部分的制限の区分)[5]. さらに 19 世紀末に裁判所は, 取引を不合理に制限する特約は無効であるが, 合理的に制限する特約は有効であると判示した（ノーデンフェルト事件判決, 1894 年, 合理の原則)[6]. それでは制限の「合理性」をどのように判断するのであろうか. 前記ノーデンフェルト事件判決は「制限が合理的とは関係両当事者の利益及び公共の利益からみて合理的であり, 公衆を害することなく, 両当事者に適当な保護を与えるよう作成され守られていること」[7]という判断基準を提示した.

ところで営業譲渡契約に付随する営業制限特約と, 価格協定などの市場支配を目的とする事業者間の競争制限契約（カルテル契約）は, 本来関係がないのにもかかわらず, いずれも取引の正常な過程を阻害する点で共通するところから, 営業（取引）制限の語は市場支配を目的とする競争制限と混同され, 前者に由来する違法性判断基準が競争制限契約に拡張されていった. そして合理の原則によれば, 制限の特約は必然的に競争を抑圧することになり, それが公共の利益を害する程度に達すると, 不合理にして無効になる. しかしイギリスでは競争の抑圧は重視されず, 商品の供給を制限し, 価格を引き上げることは, 必ずしも公共の不利益ではないと考えられていた.

3 アメリカ・コモン・ローによる独占規制の限界と反トラスト法

(1) 農民の協同組合運動

それではイギリス・コモン・ローを継受したアメリカにおいて, 反トラスト法はどのように制定されたのであろうか. 営業譲渡契約に付随する営業制限特約については, イギリスで形成された一般的制限・部分的制限の区分が継受された. そして取引制限と競争制限が混同され, 前者に由来する違法性判断基準が後者の競争の抑圧を目的とする契約に拡大され, 独自の発展を遂

げていった．ここでは反独占運動の担い手となる協同組合の形成から検討を始めよう．

アメリカでは19世紀初めよりヨーロッパからの移民によって農村が形成され，農民間の相互互助組織として農協が設立されるようになった．1810年，コネチカット州やニューヨーク州で酪農民によるチーズ加工場とその共同販売組織が設立され，その後各地に農協が設立されたが，19世紀前半に設立された農協は，いずれも草の根的な組織であり，短命なものが多かった[8]．

19世紀後半，南北戦争以降，鉄道網の発展や公有地払い下げを背景に，入植農民が中西部に進出し，一大穀作地帯，畜産地帯を形成した．19世紀後半の農民の協同組合運動の代表は，グレンジとアライアンスである．グレンジ (Grange, Patrons of Husbandry) は，1867年に農民相互の親睦を目的とする友愛組織として出発した．グレンジの協同組合事業は出荷・販売事業よりも購買事業に重点をおき，中西部を中心に発展した．グレンジは1874年に英国に代表者を送り，近代的協同組合を視察し，ロッチデール原則を持ち帰り，1875年の年次総会で規則を決定し，ロッチデール型組合の普及に努めた．グレンジの協同組合事業は急速に伸長したが，資金計画を上回る無計画な事業拡張を行い，折からの農業不況の影響を受けて，急速に衰退したが，生き残り，3大農民組織の1つとして今日に至っている[9]．グレンジの功績は，ロッチデール型組合を普及させたことである．

アライアンス (Farmers' Alliance) は，グレンジが衰退した80年代に発展した農民組織で，南部アライアンスと北部アライアンスに分かれる．南部アライアンスの母体となったテキサス・アライアンスは，1877年に設立され，1887年にルイジアナ・ユニオン (Louisiana Farmers Union) と，1888年にホイール (Agricultural Wheel) と組織統合し，1889年に南部アライアンス (Farmers' and Labores' Union of America) が成立した．南部アライアンスは，中間商人の搾取を排除するため，協同組合運動を通じて日用品の共同購入や棉花の共同販売を行い，組織を拡大していった．北部アライアンスは，北西中部を基盤に，協同組合運動を通じて日用品や農業機械の共同購入と穀物

（小麦）の共同販売を行い，組織を拡大していった．両組織は1890年代のポピュリスト運動・人民党結成の母体になる一方，共同事業に失敗し，衰退していった[10]．

　農民の協同組合運動の発展に伴って，州協同組合法も徐々に整備されていった．19世紀前半には州協同組合法はなく，農協は任意組合や一般会社法により設立された．アメリカ最初の州協同組合法は1865年ミシガン法といわれ，その後1866年マサチューセッツ法，1870年ミネソタ法，1887年ウィスコンシン法，同カンザス法などが制定されたが[11]，これらは対象を農民に限定しない一般協同組合法であった．

(2) 独占形成と反独占運動

　19世紀後半，南北戦争以降，株式会社が発展し，1875-95年の間に真鍮，漁網，鉄道，製塩，缶詰，鋼軌条，綿袋などの産業にプール[12]が形成された．またプールはコモン・ロー上きわめて不安定な内容を有していたので，1880年代より受託者トラスト[13]が形成され，石油，鉄鋼，ウィスキー，塩，砂糖などの産業の全部を支配するようになった．このようなプール，トラストの犠牲になったのが農民である．農民は鉄道会社の行う差別的な運賃や倉庫料金の設定，運賃プールに苦しめられた．また農民は中間商人に農産物を買い叩かれる一方，必需品の価格を吊り上げられた．小規模事業者も大規模で強力な競争者が行使する経済力の犠牲になった．さらに労働者や農民は1870年代と80年代の2つの恐慌により，大きな打撃を受けた．1880年代後半までに，公衆は経済力の集積と行使に敵意を抱き，トラストと通商独占を憎悪した[14]．

　このようなプールやトラストによる市場支配に対して，グレンジ，アライアンス，ホイール[15]などの農民組織が，反鉄道運動，反独占運動に取り組んだ．また労働騎士団（Noble Order of the Knights of Labor, 1869年）[16]などの労働組合も，反独占運動に取り組んだ．さらに小規模事業者も未組織であったが，個人の独立を最大限欲し，独占に強く反対した．

反独占運動の口火を切ったグレンジは，しだいに農民層を代表する政治組織として発展し，中西部，北西部の11州に反独占党，独立党，改革党などの有力な第三党を結成した[17]．1874年にアイオア州で結成された反独占党は，「会社の形式による独占と搾取に対して国の産業および生産を護る」立法を要求した．グレンジは，1890年までに8州で下院議員と少数の上院議員を支配し，州議会でも多数の議席を獲得した．1884年，農民組織その他の組織を基礎として全国的規模の組織である反独占同盟（Anti-monopoly League）が結成され，州際通商の規制をその綱領に掲げた．この政党は，州の反独占党と同じく，陸運会社，金融会社，電信の独占に反対の鉾先を向けた．1887年，北部アライアンスは，全国集会で，大陸横断鉄道の公有化及びすべての鉄道会社に対する管理，統制の強化を決議した．

　以上のように公衆は大企業を，特に経済的，政治的な弊害を理由にトラストを非難し，これらの組織の権力または少なくとも権力の濫用を排除する立法を要求した．新聞の社説や風刺漫画が，トラストの弊害を整然と描き，是正立法を要求する心情を伝えた[18]．

(3) コモン・ローによる独占規制

　それではこのような弊害をもたらす独占に対して，どのようなコモン・ローによる規制が行われたのであろうか．まずプールであるが，州裁判所は，価格拘束，生産制限，販路制限，共同販売などのプールに対して，一般的制限であるから無効ないし公共の利益に反して無効と判示する一方，部分的制限であるから有効ないし公共の利益に反せず有効と判示し，判決は分かれた[19]．またトラストであるが，州政府は権限開示訴訟[20]を提起し，州裁判所は会社が他の会社と共に組合に入ることは能力外の行為であり，州会社法に違反するとして，解散を命じ（砂糖トラスト事件判決，1890年），また独占がコモン・ローの精神に違反するとして，会社のトラストからの脱退と株式の受託者への引渡しを禁止した（スタンダード石油（オハイオ）事件判決，1892年）[21]．州政府の権限開示訴訟は，一定の成果をあげた．

しかしコモン・ローによるプールやトラストの規制には限界があった．すなわち取引制限をする当事者の一方が相手方に対して契約の履行に関する訴えを提起しない限り，裁判所は事件を審理できないこと，裁判所が当該契約を違法と判断しても，履行を強制できないこと，コモン・ローは州単位で施行され，連邦コモン・ローは存在しないところから，州際通商の規制は困難なことであった[22]．

(4) 州反トラスト法，シャーマン法の制定

コモン・ローによる独占規制に限界があるところから，州議会や連邦議会は立法的解決を図ることになった．まず反鉄道運動，反独占運動を背景に，イリノイ，アイオワ，ミネソタ，ウィスコンシンなどの中西部諸州が，鉄道と倉庫の料金を規制する州鉄道規制法を，また連邦が州際通商法を制定した（1887年）．またシャーマン法制定に先行して，21の州が州反トラスト法を制定し，その後も州反トラスト法の制定が続いた[23]．

連邦議会は1888年頃からトラストの調査を開始した．1888年の大統領選挙において，共和党及び民主党の選挙綱領は，連邦反トラスト法の制定を支持した．この年の大統領選挙において共和党のハリソン（Benjamin Harrison）が大統領に当選し，また共和党は連邦議会において多数の議席を獲得した．連邦議会は，広範な反独占運動を背景に，1890年，シャーマン法（Sherman Act, An Act To protect trade and commerce against unlawful restraints and monopolies, ch 647, 26 Stat. 209 (1890)）を制定した[24]．シャーマン法は全文8条からなり，①取引制限の禁止（1条，罰金5千ドル以下，禁錮1年以下），②独占行為の禁止（罰金5千ドル以下，禁錮1年以下），政府の差止請求（4条），損害を被った私人の三倍額損害賠償請求（7条）などを定めていた．

4 反トラスト法適用問題の発生

　州反トラスト法やシャーマン法の制定によって顕在化した問題は，プールやトラストを規制するために制定された州反トラスト法やシャーマン法が，農協や労組に対して適用されるのかという問題であった．既にいくつかの州議会はこの問題を認識し，州反トラスト法の中に農協や労組に対する州反トラスト法適用除外規定を設けていた[25]．たとえば，イリノイ反トラスト法9条は，「本法の規定は，生産者又は飼育業者の手元にある間，農産物又は家畜に対して適用しない」と規定した（同様の規定は，インディアナ，ルイジアナ，ミシガン，テキサス法にある）．またカリフォルニア法は，農業団体だけでなく，農業団体の扱う商品の輸送業者，販売や配送業者も適用除外にした．さらにウィスコンシン法は，労働組合を適用除外し（同様の規定は，ルイジアナ，モンタナ，ミシガン，カリフォルニア，コロラド法にある），マサチューセッツ法は，労働時間の削減，賃上げ，労働条件の改善等を求めて，労働者が団結したり，協定を結ぶことを違法とはみなさないとした．

　それでは連邦議会は，この問題にどのように対処したのであろうか．1890年，シャーマン法案審議中の第51連邦議会上院は，この問題を審議した．Teller上院議員（共和党，コロラド）は，アライアンス（Farmers' Alliance）の真の目的は「農産物の価格引き上げ」であり，「農産物の価格引き上げができなければ，合衆国の大多数の農民は，破産し，故郷から追い出される」．だから「この国に現存する異常な状況によって絶対的に正当化できる組織（農協，筆者注）を妨害しないで欲しい」と述べ [21 Cong. Rec. 2561（1890）]，農協の必要性と適用除外の必要性を主張した．

　これに対してシャーマン上院議員（John Sherman，共和党，オハイオ）[26]は，「法案はアライアンスを妨害しない．なぜなら，それは，彼らの利益を増進し，彼らの穀物生産の成長と方式を改善し，よい成長を確保し，新しい方法を紹介する農民の組織だからであ」り，それらは「事業上の結合

(bisiness combination）でない」からだと述べた [21 Cong. Rec. 2562 (1890)]. シャーマン議員は，アライアンスが事業上の結合（共同販売や共同購入，筆者注）でなく，教育と助言の農民組織なので，シャーマン法は適用されないと考えていたようである.

またStewart上院議員（共和党，ネブラスカ）は，「牛肉を生産する農民は，大変な犠牲を払って，飢餓寸前の価格で，それを売らなければならない」．そこで西部の農民が団結して，「我々は一定の価格以外では牛肉を売らない」といえば，彼らは「この法案のもとで，すべて犯罪者になる」．この法案は「協同組合の根本に打撃を与える」．協同組合は必要であり，資本が結合し，強力で，弊害を生んでいるとき，「協同する権利（the right to co-operation）を奪うならば，これらの弊害を減らす力を奪うことになる」と主張した [21 Cong. Rec. 2606 (1890)]. Stewart議員は，農産物の価格引き上げのために協同組合は必要であり，資本結合に対抗するため，適用除外が必要であると主張したのである．これらの発言を受けて，シャーマン議員は，つぎのような修正案を提案した [21 Cong. Rec. 2726 (1890)]（彼は，法案の修正は不要だが，混乱防止のため必要と考えたようである[27]）.

【適用除外修正案】 但し，本法は労働時間数の制限又は賃金の引き上げのためになされる労働者間の取決め，協定又は結合に適用されると解してはならず，及び自己の農産物又は園芸作物の価格を引き上げるためになされる園芸又は農業に従事する者の間の取決め，協定，組合又は結合に適用されると解してはならない.

労組や農協を適用除外にするこの修正案は，他の修正案とともに上院司法委員会に再付託された．しかしこの適用除外規定は，司法委員会が上院に提出した法案から完全に削除されていた[28]．その後，適用除外問題は連邦議会で言及されることはなかった[29]．しかし前述のようにイリノイ，インディアナ，ルイジアナ，ミシガン，テキサス，カリフォルニアの諸州は，連邦

に先行して州反トラスト法適用除外立法を制定していたのである．

5 シャーマン法執行と農民運動の課題

(1) シャーマン法の執行

さてシャーマン法制定後，生起した問題は，シャーマン法1条の適用範囲（違法性判断基準）の問題であった．すなわち下記のシャーマン法1条の適用範囲について，①1条が取引制限と独占に関するコモン・ローを修正したのか，すなわち取引を制限するすべての契約を禁止したのか，それとも②そのまま宣言したのか，すなわち取引を制限する不合理な契約のみ禁止したのか（合理の原則），見解が分かれていた[30]．この争いに一応の決着をつけたのが，トランス・ミズーリ運輸組合事件連邦最高裁判所判決である．

【シャーマン法1条】 数州間又は外国との通商を制限するすべての契約，トラスト，その他の形態による結合又は共謀は，これを違法とする．（以下省略）（Ch 647, 26 Stat. 209 (1890)）

(a) トランス・ミズーリ運輸組合事件連邦最高裁判決（民事，United States v. Trans-Missouri Freight Association, 166 U.S. 290 (1897)）

この事件は，鉄道会社18社の運賃協定が，シャーマン法1条，2条に違反するとの理由で，司法省が差止を求めて提訴し，初めて勝訴した事件である．連邦最高裁は，「ある法律の本文が，数州間の取引及び通商を制限するすべての契約又は結合を違法とすると宣言する以上，そのような文言の明白かつ通常の意味は，不合理な取引制限をもたらす種類の契約に限られず，すべての契約が含まれる」と判示し，1条の違法性判断基準（解釈基準）として「取引を制限するすべての契約を違法とする原則」（文言通り解釈するので文理解釈（literally interpretation）という）を採用することを明らかにした．

このすべての契約を違法にする原則は，アディストン・パイプ事件連邦控

訴審判決（Addyston Pipe & Steel Co. v. United States, 85 F. 271（6th Cir. 1898），aff'd, 175 U.S. 211（1899））[31]，共同運輸組合事件連邦最高裁判決（United States v. Joint-Traffic Association, 171 U.S. 505（1898））[32] などに採用されていった．そして裁判所が，取引を制限するすべての契約を違法とする原則を採用すれば，取引を制限する農民の結合（農協）や労働者の結合（労組）は，違法と判断される可能性が高くなる．実際，裁判所は，農協や労組に対するシャーマン法の適用除外を明確に否定し，これらに対してシャーマン法を厳格に執行していった．

　労組に関する代表的事件には，①労組の行うボイコットないし二次ボイコットに対して衡平法に基づく差止命令を発出し，差止命令違反者を法廷侮辱罪で刑事訴追したデブズ事件判決（刑事，United States v. Debs, 64 F. 724（C.C.N.D. Ill. 1894），In re Debs, 158 U.S. 564（1895））[33] やバック事件判決（刑事，Gompers v. Buck Stove & Range Co., 221 U.S. 418（1911））[34] がある．また②労組の行う二次ボイコットに対してシャーマン法に基づく三倍額損害賠償を請求したダンベリー事件判決（民事，1908 年）がある．連邦地方裁判所は，1890 年から 1914 年の間に，シャーマン法に基づき労働組合に対して 101 件の差止命令を発出し，ストライキの粉砕や労組の組織能力を制限するために使われた[35]．

　また③農協については，1890 年から 1910 年までの間に，5 つの州で販売農協の理事及び執行役員が州反トラスト法に基づき起訴され，またルイジアナ州でシャーマン法に基づき正式起訴（刑事）された[36]．農民が，シャーマン法違反で刑事訴追され，有罪とされた事件に，スティアーズ事件判決（1911 年，刑事）がある．なお，農協が州反トラスト法に違反するとされた事件にフォード事件判決（民事，Ford v. Chicago Milk Shippers' Association, 155 ILL. 116, 39 N. E 651（1895））[37] がある．

　ここでは労組や農協に対するシャーマン法適用を明らかにしたダンベリー事件連邦最高裁判決（1908 年）と農民に刑事罰を科したスティアーズ事件連邦控訴裁判決（1911 年）を概観しよう．

(b) ダンベリー事件連邦最高裁判決（民事，Loewe v. Lawlor, 208 U.S. 274 (1908)）

　この事件は，使用者が工場にクローズド・ショップ協定を導入しようとしたため，帽子工組合が二次ボイコットを行ったところ，損害を被ったとの理由で，使用者がシャーマン法7条に基づき三倍額損害賠償を請求した事件（民事）である（最終的に請求は認容された）．

　連邦最高裁は，トランス・ミズーリ事件，共同運輸組合事件，北部証券事件の各連邦最高裁判決が「反トラスト法は，コモン・ローの違法な取引制限の禁止よりも広く適用される」と判示したことをあげ，反トラスト法の適用範囲を，コモン・ローよりも拡大するという解釈，すなわち取引を制限するすべての契約を違法とする原則の採用を再確認した．

　連邦最高裁は，これらの判決を前提に，「反トラスト法は，クラスの間に区別を設けていない．連邦議会の記録はかかる方向での努力がなされたことを示しているが，農民及び労働者の組織はその適用から除外されなかった」と判示し，労働者及び農民の結合に対するシャーマン法の適用除外を明確に否定したのである．

(c) スティアーズ事件連邦控訴裁判決（刑事，Steers v. United States, 192 F. 1 (6 th Cir. 1911)）

　この事件は，非組合員がタバコを出荷しようとしたところ，組合員が州際通商におけるタバコの移動を妨害するために共謀したとの理由で，シャーマン法に基づき正式起訴され，有罪（罰金刑）とされた事件である．ケンタッキー州のタバコ生産者を組合員とするバーリー（Burley）組合は，より高い価格で販売できるよう組合員のタバコをすべて倉庫にプールし，プールされていないタバコの出荷に反対した．非組合員3人が，出荷のためタバコを駅に預けたところ，組合員約200～300人がタバコを引き取るよう要請し，非組合員の家まで運んだ．大陪審はシャーマン法違反で正式起訴し，連邦地方裁判所は8人を罰金刑（計3,500ドル）に処する判決を言渡した．被告たち

は，巡回控訴裁判所に控訴したが，棄却された．この判決は，農民に対してシャーマン法を適用し，有罪にしたもので，彼らを震撼させた．農民は，これらの判決から，裁判所が農協の存在と活動を全面的に禁止しているのではないかという不安を抱くようになった．

それではこの問題は，農協に対する反トラスト法適用除外立法を制定すれば解決するのであろうか．農協に対する州反トラスト法適用除外立法（規定）が，合衆国憲法第14修正（平等保護条項「いかなる州も……その管轄内にある何人に対して法律の平等の保護を拒んではならない」）に違反するかどうか，すなわち，州反トラスト法適用除外立法が，特定のクラス（農民集団）に特権（適用除外）を与えるクラス立法（class legislation）にあたり，平等保護条項に違反するかどうかが争われた事件に，グリス事件連邦控訴裁判決（1897年）とコノリー事件連邦最高裁判決（1902年）がある．

(d) グリス事件連邦控訴裁判決（刑事，In re Grice, 79 Fed. 629（1897））

この事件は，グリスなど14人が，取引制限を設け，実施する目的，意図及び効果のため，ホーキンスその他の者と違法に協定・結合・連合・合意し，共謀し，及び資本・技術及び行為を結合し，トラストを設立したという理由で，テキサス反トラスト法（1889年）に基づき連邦地方裁判所に正式起訴され，グリスなどが身柄を勾引された事件である．連邦控訴裁判所は，つぎのようにテキサス反トラスト法を違憲と判示し，人身保護令状の発給を認めた．

「競争又は取引を制限するすべての結合を禁止するが，その規定を『生産者又は飼育業者の手元にある間農産物又は家畜』に適用除外する州法（1889年テキサス反トラスト法）は，クラス立法であり，いかなる州もその管轄権の範囲内で何人に対しても法の平等保護を否定してはならないと宣言する合衆国憲法第14修正の一部に違反する」．

本判決は，テキサス反トラスト法の適用除外規定が，クラス立法であり，第14修正の平等保護条項に違反すると判示した．本判決は「区別は合理的でなければならない」（取引制限の違法性判断基準である合理の原則とは異

なる，筆者注）とし，適用除外規定の合憲性を合理の原則に基づいて判断することを明らかにした．そして「農民であるという理由で，テキサス市民の5分の4が重罪から除外される集団として脇に置かれるのは，どのような根拠があるのか」と問い，農民の貧しさ，仕事の性格や所在地，知能又は能力，生産物の性格などを検討した結果，区別に合理性はないと判断したのである．

(e) コノリー事件連邦最高裁判決（民事，Connolly v. Union Sewer Pipe Company, 148 U.S. 540 (1902)）

この事件は，オハイオ州法により設立され，イリノイ州で事業を行う原告下水道管販売会社（Union Swere Pipe Company）が，原告会社から下水道管を購入し，合意された価格で2通の約束手形を原告に交付したイリノイ州の市民である被告コノリー（Connolly）に対して，代金の支払いを求めて，連邦地方裁判所に提訴した事件である．

被告コノリーは，原告会社が1893年1月1日以降，他の者と結合しており，①コモン・ロー，②シャーマン法，③イリノイ反トラスト法に違反するとの特別抗弁を提出した．地方裁判所は，①②の特別抗弁を却下したが，③の特別抗弁についてイリノイ反トラスト法は合衆国憲法に違反すると判示した．被告コノリーは，連邦最高裁に上訴した．

連邦最高裁は，①当該結合がコモン・ローに違反するが，原告と被告との販売契約は有効であり，②同じくシャーマン法に違反するが，原告と被告との販売契約は有効であるが，③イリノイ反トラスト法は合衆国憲法第14修正に違反するとして，原判決を維持した．

連邦最高裁は，③について，「商品の販売又は購入に関する資本，技能又は行為の結合が，排他的な利益のため価格を支配し又は確立することにより，公共の利益を害し，抑制されるべき場合において，農産物及び家畜に関する同様の結合が，有害でないと認めることはできない」として，イリノイ反トラスト法9条が第14修正に違反し，無効であり，さらにこの規定が他の規定と結びついて，イリノイ反トラスト法全体が無効になると判示した（した

がって結合は違法でなく，販売契約も有効になる．筆者注)．以後，本判決はティグナー事件連邦最高裁判決（1940年）により覆されるまで，約40年の間，適用除外立法制定の障害になったのである．

(2) 農民運動の課題

これらの判決から，①農協に対して反トラスト法が適用されるという問題と②州反トラスト法適用除外立法に対して合衆国憲法第14修正が適用され，違憲とされるという問題が存在することが明らかになった．そこで農民が農協の存在と活動を維持するためには，反トラスト法適用除外立法を制定すること（議会）及び州反トラスト法適用除外立法の合憲性を獲得すること（裁判所）が，農民運動の2つの課題になったのである．

注
1) 以下の記述は，つぎの文献を参照した．大隅健一郎「英米コンモン・ロウにおける独占及び取引制限(1)(2完)」法学論叢53巻227-244頁，54巻17-37頁（1947），田中和夫「英米法における取引制限の法理」季刊法律学3号356-409頁（1948），谷原修身『独占禁止法の史的展開論』1-144頁（信山社，1997），鈴木加人『独占及び取引制限規制の法理』1-86頁（成文堂，2002）．
2) 国王から21年間のカルタ製造の独占権を勅許された原告が，その権利が侵害されたとして被告に対して損害賠償を請求した事件である．大隅・前掲注1) 53巻230-231頁．
3) 染物業の譲渡人が，譲受人と同じ町で6カ月間その営業をしない旨の契約が，コモン・ローに違反し無効とされた事件である．大隅・前掲注1) 53巻238頁．
4) 被告が100ポンドの対価で，21年間原告に家屋を賃貸するにあたって，その期間中はその家屋の一部をなす店舗で指物業を営まないと特約した事件である．裁判所は，この営業制限特約は，一定の時と一定の場所に限定されていて，一般的制限でないから有効であると判示した．一般的制限・部分的制限の区分が初めて現れた判決である．田中・前掲注1) 363頁．
5) 被告がパン製造所を5年間原告に賃貸し，その期間中原告がその教区内において同じ営業を営まず，これに違反したときは3日以内に50ポンドを支払うことを解除条件とする違約金証書を引き渡した事件である．田中・前掲注1) 363-364頁．
6) 砲及び兵器の製造業者が，その特許発明及び営業を一括してある会社に譲渡し，25年間，直接・間接に当該営業に従事しない旨特約したが，数年後，その製造業者が砲及び兵器を営業する他の会社と関係を持ったので，譲受会社が特約に基

づき差止請求した事件である．大隅・前掲注1) 53 巻 242-243 頁，田中・前掲注1) 367-369 頁．
7)　William Letwin, The English Common Law Concerning Monopolies, 21 U. CHI. L. REV. 378 (1954)．田中・前掲注1) 368 頁．
8)　小沢健二「アメリカ合衆国」川野重任『協同組合事典』(新版) 180 頁 (家の光協会，1986)．
9)　JOSEPH KNAPP, THE RISE OF AMERICAN COOPERATIVE ENTERPRISE 1620-1920, at 47-57 (1969)；小沢健二『アメリカ農業の形成と農民運動』17-37 頁 (農業総合研究所，1990)．
10)　KNAPP, supra note 9, at 57-68；小沢・前掲注9) 65-98 頁．
11)　EDWIN G. NOURSE, THE LEGAL STATUS OF AGRICULTURAL CO-OPERATION 39-44 (1927)．
12)　プールとは，価格，数量，取引の相手方などを制限する契約，協定をいう．カルテルと同じ．以下の記述は，つぎの文献を参照した．川添利起『米国に於ける反トラスト法の研究』(司法研究報告書1輯5号) 16-19 頁 (1949 年)．1 EARL W. KINTNER, THE LEGISLATIVE HISTORY OF THE FEDERAL ANTI-TRUST LAWS AND RELATED STATUTES 10-11 (1978)．
13)　受託者トラストとは，多数の会社の多数の株主間において，その株式全部を受託者 (trustee) に渡し，それと引き換えに信託証書 (trust certificate) を受託者から受け取る協定をいう．矢沢惇「アメリカにおける反トラスト法の形成」『企業法の諸問題』360 頁 (商事法務研究会，1981)．
14)　KINTNER, supra note 12, at 10.
15)　ホイールは，1880 年にアーカンソー州で営農方法や農村生活の改善を目的として結成され，その後，独占に反対する政治主張を提唱しつつ，南西部全域に広がった．1888 年に南部アライアンスと統合した．小沢・前掲注9) 67 頁．
16)　労働騎士団は，1869 年，フィラデルフィアの仕立工グループにより，弾圧を避けるために秘密結社として発足した．1881 年，秘密性を払拭してから，発展した．この組合は職種・性別・熟練・人種の相違を超えた勤労者の横断的な組織である．「自由」を脅かす制度として賃労働制及び大資本家を批判し，究極的には生産・消費協同組合を樹立することによる賃金労働者階級の解放を主張した．豊田太郎「アメリカにおける労働運動の展開」札幌大学総合論叢 34 号 62 頁 (2012)．
17)　HANS B. THORELLI, THE FEDERAL ANTITRUST POLICY 144-151 (1955)；野木村忠邦「シャーマン反トラスト法制定前史　1」法律時報 47 巻 4 号 73-74 頁 (1975)．小沢・前掲注9) 69 頁，鈴木・前掲注1) 66 頁．
18)　KINTNER, supra note 12, at 11-12.
19)　矢沢・前掲注 13) 372 頁．なお折原卓美「合衆国初期反独占政策と州政府」名城論叢 10 巻 2 号 64-68 頁 (2009) が，取引制限が公益を侵害して無効とされた判決及び取引制限が部分的でかつ公益を害しない限り有効とされた判決を紹介して

いる．また鈴木・前掲注1）91頁も，価格決定を直接的に目的にした協定が問題とされた事件は10件あり，そのうちの7件が合法とされ，3件が違法とされたとする．野木村忠邦「シャーマン反トラスト法制定前史 2完」法律時報47巻8号126-127頁（1975）も有効とした判決4件及び無効とした判決3件を紹介する．

20) ある権限を行使する者が，法律上その権限を行使する資格を有するかどうかを検査するためのコモン・ロー上の手続．会社法の分野においては，会社が有効に設立されたか，会社が関与している事業に従事する権限を会社が有するかを検査するために権限開示令状（quo warranto）を用いることができる．ロバート・W・ハミルトン（山本光太郎訳）『アメリカ会社法』469-470頁（木鐸社，3版，1999）．

21) 矢沢・前掲注13）371-372頁，鈴木・前掲注1）60-61頁，野木村・前掲注19）128-129頁．

22) 矢沢・前掲注13）372頁，鈴木・前掲注1）64頁，野木村・前掲注19）127頁．

23) 14の州及び準州が憲法によって，また13州が州法によって，トラスト等による競争制限を禁止した．また6州が双方で禁止した．THORELLI supra note 17, at 155, 折原・前掲注19）76頁 注(2)，水野里香「シャーマン反トラスト法の成立（1890年）」エコノミア54巻1号34頁（2003）．

24) シャーマン法の立法過程を詳細に研究したものに，水野・前掲注23）31-51頁がある．

25) 折原・前掲注19）72頁．

26) 1823-1900年，職業・弁護士．オハイオ州選出の上院議員（共和党），任期1861-1877年・1881-1897年（計32年）．上院議長，農業委員，財務委員，財務長官，州務長官，臨時大統領，議会図書館委員，外交委員を歴任した．http://bioguide.congress.gov/scripts/biodisplay.pl?index=S0000346.

27) NOURSE, supra note 11, at 244, note 5.

28) NOURSE, supra note 11, at 245.

29) 後年，1914年8月18日，Pomerene上院議員は，クレイトン法案の審議に際して，シャーマン法適用除外修正案の経過は，「明らかに適用除外を設けないという連邦議会の意図を示している」と述べた．NOURSE, supra note 11, at 245-246, note 7.

30) John Hanna, Cooperative Associations and the Public, 29 MICH. L. REV. 170 (1930).

31) 鋼管製造会社6社の価格協定及び地域分割協定がシャーマン法1条，2条に違反するとの理由で政府が提訴し，勝訴した．控訴裁判決は違法性判断基準に付随的制限の原則を用い，価格協定を違法と判示した．付随的制限の原則とは，競争制限の効果をもつ契約のうち，競争制限それ自体を主目的とするものと，そうでないものとを区別し，前者は当然違法として扱うが，後者には合理の原則を適用し，ケース・バイ・ケースで判断するというものである．なお連邦最高裁判決は，

付随的制限の原則に言及することなく，前記鉄道運賃協定事件判決を引用し，本件を違法と判示した．江上勲「シャーマン法における当然違法の原則と条理の原則の発展について」政治学論集 10 号 8-11 頁（1979 年）．

32) 共同運輸組合を構成する鉄道会社 31 社の運賃協定がシャーマン法 1 条に違反するとの理由で政府が提訴し，勝訴した．江上・前掲注 31) 7-8 頁．

33) 1894 年，プルマン寝台車会社とその従業員との間の賃金 20％引き下げを巡る労働争議が発生し，従業員はストライキを実施し，アメリカ鉄道組合（ARU，ユージン・デブズ委員長）がこれを支援した．ARU はプルマン車の連結された列車の取扱いを一切拒否する（一種のボイコット）ことを決議し，組合員に実施させた．これにより南太平洋鉄道系統は停止し，郵便と州際取引も停止した．司法省は，郵便妨害と州際取引妨害を理由に提訴し（シャーマン法違反も理由の 1 つ），連邦巡回裁判所は差止命令を発出し，軍隊が出動した．デブズ委員長は①郵便及び州際取引妨害及び②差止命令違反で刑事訴追され，①は陪審の評決で無罪となったが，②は有罪となった．デブズ委員長は人身保護令に基づき身柄の解放を求めたが，連邦最高裁は，これを棄却した．有泉亨「レイバー・インジャンクション」法学セミナー187 号 102 頁（1971）．

34) バック社は 1906 年，研磨部門の 9 時間労働制を 10 時間に延長すると発表，組合側は 9 時間制を求めて労働争議が発生した．AFL はバック社の製品のボイコットを発表した．バック社は，1908 年，裁判所にボイコット中止の差止命令を求めて提訴し，裁判所は，差止命令を発出した．ゴンパーズは差止命令違反による法廷侮辱罪の容疑で訴追され，有罪の判決を受けたが，上訴し，最終的には無罪となった．小林英夫『サミュエル・ゴムパーズ』138 頁（ミネルヴァ書房，1970）．

35) 2 EARL W. KINTNER, THE LEGISLATIVE HISTORY OF THE FEDERAL ANTITRUST LAWS AND RELATED STATUTES 993 (1978).

36) HENRY H. BAKKEN & MARVIN A. SHAARS, THE ECONOMICS OF COOPERATIVE MARKETING 279 (1937).

37) シカゴ周辺の酪農民約 1,500 人を組合員とする原告組合が，ミルクの販売価格の引き上げを決定し，小売業者と販売契約を締結したところ，価格を拘束し，イリノイ反トラスト法に違反するとされた．NOURSE, supra note 11, at 222, 333.

第3章 農協とクレイトン法

1 はじめに

　1890年，第51連邦議会は，農協や労組に対するシャーマン法案適用除外を議論しつつ，それを明文化しないまま，シャーマン法を制定した．それから四半世紀を経た1914年，第63連邦議会は，連邦取引委員会法（Federal Trade Commission Act, ch 311, 38 Stat. 717 (1914)）及びクレイトン法（Clayton Act, An Act To supplement existing laws against unlawful restraints and monopolies, for other purposes, ch. 323, 38 Stat. 730 (1914)）[1]を制定した．クレイトン法は，独占を萌芽のうちに摘み採るという萌芽理論[2]に基づき，独占形成の手段となる具体的行為を規制する一方，農協及び労組に対して反トラスト法の適用を除外し（6条），労働紛争に対する差止命令（労働差止命令）の発出を制限（20条）するものであった．本章は，連邦法として初めて農協及び労組に対する反トラスト法適用除外を定めたクレイトン法6条を取り上げ，6条制定の法理論的根拠，6条の目的，適用除外の根拠（必要性），適用除外の範囲，6条制定の意義などについて検討することを課題とする．まずクレイトン法6条の内容及び適用除外要件を確認しておこう．

【クレイトン法6条】　人間の労働は商品又は通商の物品ではない．反トラスト法のいかなる規定も，相互扶助（mutual help）の目的で設立され，非出資（not having capital stock）又は非営利（not conducted for profit）の

労働，農業又は園芸の組織の存在及び活動（the existance and operation）を禁止し，又はかかる組織の構成員が，それらの正当な目的を適法に実施すること（lawfully carrying out the legitimate objects）を禁止又は制限するものと解してはならない．またかかる組織又は構成員を，反トラスト法による取引を制限する違法な結合又は共謀と解してはならない．

6条の適用除外要件を整理すると，【資料1】のようになる．すなわち6条は，組合員要件（明文の規定はないが，労働者及び農民），組織要件（労働，農業又は園芸の組織，非出資又は非営利），協同組合要件（相互扶助），活動要件（組織の存在と活動，構成員の正当な目的を適法に実施）から構成されている．

2　反トラスト法修正運動

それではクレイトン法6条は，どのようにして制定されたのであろうか．

【資料1】クレイトン法6条の適用除外要件

項　目	下院司法委員会法案7条	上院司法委員会法案7条	クレイトン法6条
組合員要件	（労働者，消費者，農民など）	（労働者，農民）	（労働者，農民）
組織要件	・友愛，労働，消費者，農業又は園芸の組織，団体，組合 ・非出資 or 非営利	・労働，農業又は園芸の組織 ・非出資 or 非営利	・労働，農業又は園芸の組織 ・非出資 or 非営利
協同組合要件	・相互扶助	・相互扶助	・相互扶助
活動要件	・組織の存在と活動 ・構成員の正当な目的を実施	・組織の存在と活動 ・構成員の正当な目的を適法に実施 ・取引を制限する違法な結合ではない	・組織の存在と活動 ・構成員の正当な目的を適法に実施 ・取引を制限する違法な結合ではない

この問題を解明するためには，クレイトン法6条制定の背景にある反トラスト法修正運動及び裁判所におけるシャーマン法の違法性判断基準の変更について検討する必要がある．反トラスト法修正運動から検討しよう．

第2章でみたように，アメリカの裁判所は，シャーマン法制定後，取引を制限するすべての契約を違法とする原則（文理解釈）を採用し，労組や農協に対するシャーマン法適用を明確にし，執行した．その結果，労働者や農民は，裁判所が労組や農協の存在及び活動を全面的に禁止しているのではないかという不安を抱くようになり，連邦議会に反トラスト法を修正する動きが現れた[3]．

それでは，労働運動や農民運動は，反トラスト法適用除外立法を制定するために，どのような修正運動を行ったのであろうか．ジョーンズは，クレイトン法が制定された時，「農民たちは強力に組織され，ワシントンの諸組織が数百万の農民を代表した．この国の労働組織もよく組織された．これら二大集団の政治的影響力が，クレイトン法にいくつかの規定の挿入をもたらした」[4]と述べている．それでは労働者と農民はどのような反トラスト法修正運動を行ったのであろうか．

(1) 労働運動

まず労働運動であるが，19世紀前半，各地で職人組合が結成され，次第に発展してきた[5]．1852年，印刷工の全国組合が結成されたのを皮切りに，20世紀初頭までに，各地の職人組合の全国組織が次々に結成されていった．その中に労働騎士団（1869年）や全国労働総同盟（American Federation of Labor, AFL, 1886年）がある．また20世紀に入ると，非熟練労働者を含む世界産業労働組合（IWW, 1905年）が結成された．

AFLは，熟練職人の労働組合の連合会であるが[6]，従来，政治活動に熱心でなかった．しかし英国労働代表委員会（後の労働党）が下院に労働代表（29人，1906年）を送り込んだことに刺激され，1906年以降，政治活動に積極的に取り組むようになった．AFLは，党派を超えて連邦議会議員を労

働グループに組織し，労働組合に対する衡平法に基づく差止請求訴訟（バックス事件，1911年など）やシャーマン法に基づく三倍額損害賠償請求訴訟（ダンベリー事件，1908年）に苦しめられていたので，議員や政党に働きかけ，差止命令制限法案や反トラスト法適用除外法案の制定に取り組み[7]，また労働組合に対するシャーマン法執行を抑制するため，歳出法案の修正を試みた[8]．

また大統領選挙では民主党に働きかけ，1908年及び12年の選挙綱領に労組に対する反トラスト法適用除外を盛り込ませた[9]．またクレイトン法案が連邦議会で審議されたとき，AFLは関係する議員や上院議員に働きかけた[10]．以上によれば，AFLは積極的に反トラスト法修正運動に取り組んだことが窺がえる．

(2) 農民運動

つぎに農民運動であるが，19世紀前半から農協が設立されるようになった．19世紀後半の農民運動は，グレンジ，アライアンス，ホイールなどによって担われたが，20世紀に入ると，ユニオン（Farmers Educational and Cooperative Union, 1902年）[11]，エクイティー（American Society of Equity, 1902年）[12]，再建グレンジなどによって担われるようになった．これらの農民運動によって多くの州に農協が設立され，連合会（federation）や広域農協（centralized association）という形態をとって大規模化していった．また20世紀に入り，1909年カリフォルニア法，1911年ウィスコンシン法，1911年ネブラスカ法などの州協同組合法が制定され，他州の協同組合法の制定に大きな影響を及ぼした[13]．これによって農協の設立が促進された．

ところで農民が農協を設立する最大の動機は何であったのか．最大の動機は，シャーマン法で禁止されているのにもかかわらず繁栄を続ける企業結合の力を相殺するのに十分強力な農民のための事業組織を確保したいということであった．大規模な会社組織に包囲された農民は，自らの救済が自らの要求に合致した対抗組織の形成能力にかかっていることを確信した．農民の経

済的及び社会的独立を維持しながら，大事業会社の力に対抗するという要求は，協同組合を発展させる強力な要素になったのである[14]．

それでは農民運動は，どのような反トラスト法修正運動に取り組んだのであろうか．販売及び農業信用会議（Conference of Marketing and Farm Credits, 1913 年）は，1914 年総会において「適切かつ合理的な保護及び規制が（消費者又は生産者の）協同組合組織に拡大される目的で，そしてかかる組織がそれによって完全に保護され，奨励される目的で，現行のシャーマン法を適切に修正する立法」の必要性を決議した[15]．また 1 万 3 千人の農民を代表するウィスコンシン州のエクイティーは，クレイトン法案審議中の Nelson 下院議員（民主党，ウィスコンシン）や Browne 下院議員（共和党，ウィスコンシン）に宛てて，出資を有し利益を利用者に配分することができる法律にするよう要請する手紙を送った［51 Cong. Rec. 9170, 9572（1914）；2K 1270, 1581］．以上によれば，農民運動の取り組みはあるものの，労働運動に匹敵するような取り組みを示す資料は見当たらない．

(3) 連邦政府の対応

労働運動や農民運動が反トラスト法修正運動に取り組む一方，連邦政府も農協を農業政策に位置づけ，支援するようになった．第 1 に連邦農務省が市場課を設置したことである．1913 年，農務省は市場課（Office of Markets and Rural Organization）を設け，農協経験者をスタッフに採用し，共同購買・販売プロジェクト（Cooperative Purchasing and Marketing）など，協同組合のための包括的な調査・助言サービスを開始した．この年から連邦政府は，農協の成功を気遣うようになった[16]．

第 2 に連邦政府が欧州農業協同組合調査団を派遣したことである．ウィルソン大統領は，1913 年，ヨーロッパの協同組合や農業信用の事情を調査させるため，使節団を派遣した．使節団は合衆国 29 州とコロンビア特別区，カナダ 4 州の男女 67 人からなり，著名な農民，協同組合に関心をもつ人，教育制度に関係する人などが参加した．67 人は，3 カ月間，いろいろな分野

の協同組合を研究し，帰国後，900頁に及ぶ報告書を印刷した．使節団の調査は，連邦農場融資法（Federal Farm Loan Act, 1916年）の制定をもたらした．また多くの参加者は，帰国後，協同組合運動の発展に貢献した[17]．以上によれば連邦政府も農協を支援するようになったことが窺える．

3　スタンダード石油事件連邦最高裁判決と合理の原則

　労働運動を中心として反トラスト法修正運動が発展する一方，反トラスト法適用除外立法に法的根拠を与える判決が現れた．それがシャーマン法の違法性判断基準に合理の原則を採用したスタンダード石油（ニュージャージー）事件連邦最高裁判決（1911年）である．すなわち連邦最高裁は，かつてトランス＝ミズーリ事件判決（1897年）において，シャーマン法1条を文言通り取引を制限するすべての契約を違法とすると厳格に解釈し，その適用範囲をコモン・ローよりも拡大した[18]．取引を制限するすべての契約を違法とする原則（文理解釈）が採用されれば，取引を制限する労働者や農民の結合は，違法と判断される可能性が高くなる．実際，裁判所は本判決を踏まえて労組や農協に対してシャーマン法を厳格に執行してきた．これを覆したのが本最高裁判決である．

　本件は，連邦司法省がニュージャージー州会社法に基づき設立された持株会社であるスタンダード石油会社とその傘下にある石油精製会社38社などの独占的企業結合が，シャーマン法1条，2条に違反するとの理由で差止・解散を求めて提訴し，勝訴した事件である．最高裁は，シャーマン法1条の解釈について，つぎのように判示した．

【スタンダード石油事件連邦最高裁判決】（Standard Oil of New Jersey v. United States, 221 U.S. 1 (1911)）
　シャーマン法は合理（reason）の観点から解釈されるべきである．かかる解釈により，それは州際通商において不合理（unreasonable）又は不当

> (undue) な取引制限となるすべての契約または結合を禁止する……コモン・ローで適用された合理の基準が，特定の行為が禁止の範囲内にあるかどうか決定する際に適用されるべきである．

　すなわち連邦最高裁は，シャーマン法1条がその文言にもかかわらず，コモン・ローの合理の原則に従って解釈され，不合理な取引制限のみ禁止されると判示したのである．またシャーマン法2条も1条の補完として合理の原則に従って解釈されると判示した．そして不合理であるか否かの判断基準として企業結合過程における意図及び方法が重視され，スタンダード石油トラストが独占形成の意図をもって運賃差別，価格切り下げ，市場分割，不公正な競争方法を用いた点で不合理な取引制限に当たると判示した[19]．要するに最高裁は，シャーマン法1条の違法性判断基準に合理の原則を採用することを明らかにし，シャーマン法の適用範囲を制限する道を拓いたのである．そのため本判決は，合理の原則が裁判所に余りにも大きな裁量を与えるといった批判[20]や，意図の強調が裁判所の裁量及び事業の不確実性を増大させ，反トラスト訴訟の勝訴をより困難にし，適法と不適法の基準をあいまいにするといった批判[21]を招き，裁判所への不信を高めた．

　しかし合理の原則の採用は，労働者や農民にとって労組や農協の新たな発展の可能性をもたらすものであった．すなわち合理の原則の採用によって，取引を制限する農民の結合が，農民に利益をもたらし，また公衆に利益をもたらせば，不合理な制限とはみなされず，シャーマン法に違反しないと解釈される可能性が生まれてくるからである．しかし合理性の判断を裁判所の裁量に委ねておけば，予測可能性は低く，農民の反トラスト法訴追の不安を解消することはできない．そのために法律で適用除外の範囲を定め，裁判所の裁量を制限する必要があった．

4 下院における法案審議

(1) 下院司法委員会報告

　スタンダード石油事件連邦最高裁判決における合理の原則の採用は，裁判所の裁量を拡大し，反トラスト訴訟における勝訴をより困難にするのではないかという不安を拡大した．この判決を契機にして，トラスト規制は1912年の大統領選挙の重要な争点になり，ウィルソン（Thomas Woodrow Wilson, 民主党）が大統領に当選し，また民主党が連邦議会で優勢になることによって，反トラスト法修正の政治的条件が成熟してきた．1914年1月20日，ウィルソン大統領は，議会合同会議において「反トラスト法における確実さの必要性を強調し，州際取引委員会の創設を支持する」という特別声明を発表し，第63連邦議会は，連邦取引委員会法案及びクレイトン法案の準備を開始した[22]．連邦議会におけるクレイトン法案の審議経過は，つぎの通りである[23]．なおクレイトン法6条の条文番号は，法案審議の過程で7条→5条→6条に変更された．

4.14　クレイトンが下院に法案（H.R. 15657）を提出，司法委員会に付託
5. 6　下院司法委員会（クレイトン委員長）が下院に報告（H.R. Rep. No.627）を提出
5.12　下院司法委員会が下院にグラハム少数意見を提出
5.13　下院司法委員会が下院にネルソン少数意見，モーガン少数意見を提出
5.22　下院が法案を審議
5.25　クレイトン委員長が辞職，ウェッブが委員長に就任
6. 1　下院がウェッブ修正案を採択
6. 5　下院が法案を採択（下院法案）
7.22　上院司法委員会が上院に報告（S. Rep. No.698）を提出

第3章 農協とクレイトン法

 9. 2　上院が法案を採択（上院法案）
 9. 4　下院が上院法案を否決，両院協議会を請求
 9.24　協議会が報告（協議会法案）を提出
10. 5　上院が協議会報告を採択
10. 8　下院が協議会報告を採択
10.15　ウィルソン大統領が署名

　1914年4月14日，クレイトン議員（Henry Delamar Clayton，民主党，アラバマ）[24]は，下院に法案（H.R. 15657）を提出し，法案は下院司法委員会（クレイトン委員長）に付託された．5月6日，下院司法委員会は，下院に法案（以下「下院司法委員会法案」という）を付して報告を提出し，また5月12日及び13日に3つの少数意見を提出した．そこで下院司法委員会報告 [H.R. Rep. No.627, Pt. 1, 1-51, 16, 63^d Cong. 2^d Sess. (1914) ; 2K 1096-1097] により，労組や農協に対して適用除外規定を設けた立法者意思を確認しよう．報告は，7条の目的をつぎのように述べている．

【下院司法委員会報告，H.R. Rep. No.627】　裁判所のこれまでの判決を考慮し，及び裁判所にかかる組織及び組合の解散を命ずる権限を与える法律のありうる解釈からみて，本委員会は，これらの組織及び組合の存在及び活動（the existence and operations）の適法性（legality）に関するすべての疑問が，除去されるべきであり，反トラスト法に基づく裁判所による解散を認め，又はかかる組合の構成員が組合の正当かつ適法な目的（the legitimate and lawful objects）を実行することを禁止するような方法で，その法律は解釈されるべきではないと思う．このことは，相互扶助の目的で組織され，非出資又は非営利の友愛，労働，消費者，農業又は園芸の組織，団体又は組合の存在及び活動（the existance and operations）を適法（legal）と認めるこの法案7条の規定によって達成され，7条は，反トラスト法の規定に基づき取引又は通商を制限する違法な結合として，裁判所

の判決によるかかる組織，団体又は組合の解散の危険性及び可能性を防止する．それはまたかかる組織，団体又は組合が，個々の構成員に，妨害又は法的制限なしに，かかる組合の正当な目的（legitimate objects）を追求する権利を保証する．

　報告によれば，①7条の目的は，相互扶助の目的で組織され，非出資又は非営利の友愛，労働，消費者，農業又は園芸の組織の存在及び活動の適法性に関する疑問を取り除くことであり，②これらの組織の「存在と活動を適法（legal）と認め」，③これらの組織の「個々の構成員に……かかる組織の正当な目的を追求する権利を保証する」ことにあり，また④7条は，裁判所が，かかる組織を反トラスト法に基づき，取引を制限する違法な結合として解散判決することを防止することにある．以上を7条の立法者意思として確認しておこう．つぎにこのような考え方に沿って作成された下院司法委員会法案7条 [H.R. 15657 AS REPORTED BY THE HOUSE COMMITTEE ON THE JUDICIARY 1-41, 24, 63^d Cong. 2^d Sess. (1914)；2K 1173-1174] の内容をみてみよう．

【下院司法委員会法案7条，H.R. 15657】　反トラスト法のいかなる規定も，相互扶助（mutual help）の目的で設立され，非出資（not having capital stock）又は非営利（not conducted for profit）の友愛，労働，消費者，農業又は園芸の組織，団体又は組合の存在及び活動（the existence and operation）を禁止し，又はかかる組織，団体又は組合の構成員が，それらの正当な目的（legitimate objects）を実施することを禁止又は制限するものと解してはならない．

　法案7条の適用除外要件を整理すると，【資料1】（28頁）のようになる．第1に組合員要件であるが，法案には明文の規定はない．しかし，友愛，労働，消費者，農業又は園芸の組織という組織要件から推測すると，労働者，

消費者，農民などが組合員であると考えられる．第2に組織要件であるが，友愛，労働，消費者，農業又は園芸の組織といった目的や性格の異なる広範な組織が，適用除外の対象にされている．また法案審議の段階で問題になる非出資又は非営利の要件が定められている．第3に協同組合要件であるが，相互扶助のみ定められている．目的や性格の異なる組織に共通するのは，相互扶助なのであろう．第4に活動要件であるが，上記の要件を備える組合（適格組合）の存在と活動は禁止されず，その構成員が正当な目的を実施することも禁止されない．

要するに適用除外要件の構造は，①組織要件（非出資 or 非営利）及び②協同組合要件（相互扶助）を充足すれば，適用除外を受ける資格が生まれ（適格組合），適格組合の活動が③活動要件（組織の存在と活動，正当目的を実施）を充足する範囲で適用除外を受けるというものであった．

(2) 下院審議

司法委員会から報告を受けた下院は，5月22日より全院委員会において法案の審議を開始した（なお審議の途中で司法委員会委員長は，クレイトンからウェッブ（Webb，民主党，ノースカロライナ）に交替した）．以下，適用除外要件を中心に下院の審議状況を検討しよう．

(a) 7条の目的

下院司法委員会報告は，7条の目的として，①これらの組織の適法性に関する疑問の除去，②これらの組織の適法性の承認，③構成員の正当目的を追求する権利の保証，④裁判所の解散命令の防止をあげていた．これに対してNelson議員（民主党，ウィスコンシン）は下院に少数意見を提出し，つぎのように司法委員会報告を批判した [H.R. Rep. No.627, Pt. 3, 9-10, 63^d Cong. 2^d Sess. (1914)；2K 1158-1159].

①7条の弱点は商品を購入し又は生産物を販売する農民の協同組合の努力を，事実上禁止することにある．②構成員の生産物について共同交渉

(cooperatively bargain) することを目的とする農民組織は「営利」であり，それらの多くは「出資」を有している，③この規定が認める唯一の農民組織は，営農方法の改善を検討するだけの組織である，④農民が，農産物の価格を改善するため，または消費者に直接販売するために結合するやいなや，この条項は反トラスト法からの救済を与えない，⑤ある種類の組織を特別に適用除外する法律が制定された場合，地方検事及び裁判所は，その種類の組織の活動を適用除外されない違法として反トラスト法を解釈する可能性がある．

以上のように Nelson は，7条が適用除外するのは営農方法改善のための集まりだけであり，7条は「生活条件を改善するための農民間の共同に弔いの鐘を鳴らす (sound the death knell)」と厳しく批判した [H.R. Rep. No.627, Pt. 3, 10, 63^d Cong. 2^d Sess. (1914)；2K 1159].

(b) 適用除外の根拠（必要性）

7条の目的の背後に，なぜ農協や労組に対して反トラス法適用除外を設ける必要があるのかという問題がある．この点について司法委員会報告は特に説明していないし，議員の発言も少ない．ただし Nelson 議員は，「農業組織は，農民が独占及びトラストの抑圧から自らを守る唯一の方法である．農民は，彼自身の労働，彼から分離し得ない彼の活動の成果を扱っている」[51 Cong. Rec. 9571 (1914)；2K 1578] と発言している．彼は，独占及びトラストに抑圧される農民（自己労働・家族経営）を保護する唯一の方法は，農民組織であるから，適用除外立法が必要だというのである．独占及びトラストの抑圧からの農民の保護，そのための農協の必要性，そのための適用除外の必要性，これがクレイトン法6条の根拠（必要性）と考えられる．

(c) 非出資要件

組織要件は，非出資要件と非営利要件からなる．まず非出資要件であるが，司法委員会報告は非出資要件を設けた理由について，特に説明していない．Browne 議員（共和党，ウィスコンシン）は，合衆国の農民組織の約75％

が営利のために組織され，出資を有している．ウィスコンシンでは農民の協同組合（酪農組合）は，営利のために組織され，出資を有しているので，法案に基づき事業を行うことは禁止されると述べ［51 Cong. Rec. 9571 (1914)；2K 1580］，非出資要件の不当性を強く非難した．また Towner 議員（共和党，アイオワ）は，多くの農協は組合員に出資（証券）を発行しており，非出資要件は削除されるべきであると主張した［51 Cong. Rec. 9548 (1914)；2K 1527］．両議員は，農業州の出身であり，合衆国の75％を占める出資組合を適用除外の対象にするように強く求めたのである．

(d) 非営利要件

つぎに非営利要件であるが，司法委員会報告は，非営利要件を設けた理由やその内容について特に説明していない．そこで適用除外が必要であると考える一部の議員は，独自の非営利概念，営利概念の理解にもとづき，司法委員会法案の非営利要件を批判する質問，意見を提出した．またウェッブ委員長も，これらの質問・意見を受けて，修正案を提案した．

まずウェッブ委員長の非営利概念から検討しよう．ウェッブ委員長は，6月1日，数人の委員の要望を受けて，連邦議会が反トラスト法の執行から労働組織を除外する意図を明確にするため，第一文の後に，つぎのような第二文を追加することを提案した［51 Cong. Rec. 9538 (1914)；2K 1507］．この第二文は，第一文の内容を再確認する解釈規定であると理解される．

【ウェッブ修正案】 又はかかる組織，団体又は組合及びその構成員を，反トラスト法による取引を制限する違法な結合又は共謀と解してはならない（第二文）．

つぎにウェッブ委員長は，議員の質問・意見に対してつぎのような答弁を行った．これらの答弁は，ウェッブ委員長の非営利概念を知るうえで，重要である．

① どのような種類の農業組織を法律の禁止から除外するのか（Nelson 議員）→相互組織であり，非出資であり，営農方法を改善するための集まりを含む（ウェッブ委員長，以下同じ）［51 Cong. Rec. 9571 (1914)；2K 1579］．
② 農民組織はシャーマン法の適用下にあるべきか（Nelson 議員）→労働組織のように非営利で相互扶助の組織であれば，この法案はその存在を認める［51 Cong. Rec. 9578 (1914)；2K 1595］．
③ 100万の農民が，定められた価格以下で農産物を販売しないと合意することは適法か（Mann 議員，共和党，イリノイ）→農産物が，それを生産した人々（複数）の手元にある限り適法である［51 Cong. Rec. 9578 (1914)；2K 1596］．
④ 手元でなく倉庫の場合はどうか（Mann 議員）→いまだ生産者の所有である［51 Cong. Rec. 9578 (1914)；2K 1596］．
⑤ 価格を引き上げれば営利ではないか，違法か（Carr 議員，民主党，ペンシルベニア）→営利のために組織された法人（corporation organized for profit）が，ある農産物を独占し，その価格を上下することを認めるべきではない．かかる行為は，独占及取引制限を禁止するすべての法原則に違反する［51 Cong. Rec. 9578 (1914)；2K 1596］．

　ウェッブ委員長の答弁を整理すると，つぎのようになろう．適用除外されるのは，相互扶助，非営利，非出資の農民組織であり（①），営農方法を改善するための集まりである（②）．また農産物を一定の価格以下では販売しないという農民の合意は，農産物が農民（複数）の手元にある限り，適法である（③④）．他方，適用除外されないのは，配当を支払う営利法人が農産物を独占することである（⑤）．ウェッブ委員長が非営利組織として明言しているのは，営農方法の改善組織のみであり，非営利概念が狭いようにみえる．

(ア) 労働組合関係
　つぎに，非営利要件に関する他の議員の意見をみてみよう．
① 労働組織の本来の目的は，利益であり，組合員の賃金を引き上げることであり，これが組合員の利益である．このような組織は適用除外されない

（Thomas 議員，民主党，ケンタッキー）［51 Cong. Rec. 9566（1914）；2K 1569］．

② 裁判所は，賃金を引き上げ・維持する組織は利益を求めており，適用除外されないと解する（Gregg 議員，民主党，テキサス）［51 Cong. Rec. 9568（1914）；2K 1573］．

(イ) 農協関係

③ 法案は，社会的文学的教育的業務の中で相互扶助のために組織された農民組織のみ適用除外する（Morgan 議員，共和党，オクラホマ）［51 Cong. Rec. 9577（1914）；2K 1593］．

④ 7条は，営農方法の改善を議論するために集まることを認める以外に農民に対して何もしない（Nelson 議員）［51 Cong. Rec. 9569（1914）；2K 1575］．

⑤ 農民組織の目的は，農産物の有利な価格を獲得することであり，それが農民への利益であり，このような組織は適用除外されない（Thomas 議員）［51 Cong. Rec. 9566（1914）；2K 1569］．

⑥ 農民組織の目的は，彼らの農産物にとって最良の市場と価格を確保することであり，それらの組織が一定の価格以下では農産物を販売しない合意をすれば，裁判所は利益を求める組織と判断するだろう（Gregg 議員）［51 Cong. Rec. 9568（1914）；2K 1573］．

⑦ 法案の利益とは，出資者（stock holder）に配当（dividends）を配分する組織として利益を得る目的で活動するという意味である（Towner 議員）［51 Cong. Rec. 9548（1914）；2K 1527］．

⑧ 給料と運営費を超えた収入（receipts）が，組合の利用者（patrons），生産者又は消費者に還元（return）される場合，協同組合は適用除外されない（Towner 議員）［51 Cong. Rec. 9548（1914）；2K 1527］．

⑨ 合衆国の農民組織の約75％は営利のために組織され，出資を有している（Browne 議員）［51 Cong. Rec. 9571（1914）；2K 1580］．

以上のような議員の意見を整理すれば，つぎのようになろう．非営利とされるのは，教育事業や営農方法の改善のための集まり（③④）である．他方，

営利とされるのは，労働組合が組合員の賃金を引き上げると，組合員に対する利益であり，営利になる（①②）．農協が有利な価格で農産物を販売すれば，農民に対する利益であり，営利になる（⑤⑥）．協同組合（出資組合）が利用者等へ配当すれば適用除外されない（⑧）．多くの農協は営利組織であり，出資を有している（⑨）．

一部議員の非営利概念，営利概念の理解によれば，非営利要件を充足する組織は，教育事業や営農方法の改善のための組織に限られる．逆に営利組織とされるのは，団体交渉を行う労働組合や農産物の共同販売・共同購入を行う農協であり，得た利益を利用者に配分する農協である．このような非営利概念によれば，多くの労組，農協は組織要件（非出資，非営利）のレベルで，適用除外を受ける資格を失ってしまうことになる．

(e) 活動要件

司法委員会報告は，「正当な目的」という活動要件（適用除外の範囲）を設けた理由やその内容について，特に説明していない．Towner 議員は，ウェッブ修正案を支持しつつ，「上述の種類の組合又は反トラスト法に違反する構成員は，他の組合又は人と同様に制裁に服する．かかる組合の組織又は正当な（legitimate）活動が，制定法の禁止の範囲内にあるとは判断されないことが規定されているのに過ぎない」と述べている［51 Cong. Rec. 9547 (1914); 2K 1525］．これは，7条がクラス立法ではなく，正当な目的の活動を適用除外する規定に過ぎないというのである．しかし具体的にどのような行為が，正当な目的の範囲内にあるのか，明らかでない．

(f) 7条修正案

以上のように全院委員会の審議では，非営利要件や活動要件を設けた理由及びそれらの内容が必ずしも明らかにならず，どのような行為が適用除外の範囲内にあるのか，判然としなかった．また出資要件については，多くの出資組合が適用除外から排除されることが明らかになった．そこでウェッブ修

正案を含む司法委員会法案に不安を抱く Nelson 議員や他の議員は，つぎのような修正案を提案した．

（ア）Thomas 修正案：司法委員会法案7条の第一文を削除し，その代わりにつぎの1文を挿入する．「反トラスト法のいかなる規定も，農業，労働，消費者，慈善の組織，団体又は組合に適用されないものとする」[51 Cong. Rec. 9566-9567 (1914)；2K 1569]．その趣旨は，「解されない」でなく「適用されない」と定めることによって，裁判所が解釈修正できないようにすることにある [51 Cong. Rec. 9566 (1914)；2K 1569]．

（イ）MacDonald（進歩党，ミシガン）修正案：一方で Thomas 修正案（「適用されない」）を取り入れ，他方でウェッブ修正案も尊重しつつ，労働組織，農民組織と友愛組織，消費者組織を区別し，労働組織の目的を「賃金，労働時間，その他の労働条件の規制」と，また農民の協定の目的を「農産物及び園芸作物の価格の引き上げ」と明確にし，このような目的の組織には適用されないと定める [51 Cong. Rec. 9566 (1914)；2K 1569]．その趣旨は，労働組織，農業組織の目的を具体的に定めることによって，適用除外の範囲を明確にすることにあると考えられる．

（ウ）Nelson 修正案：ウェッブ修正案を尊重しつつ，農業組織の目的を「より安く購入し，及び生産物をより有利に販売する目的」と明確にし，このような目的で設立された農業組織の存在と活動を禁止するとは解されないと定める [51 Cong. Rec. 9569 (1914)；2K 1575][25]．その趣旨は，農業組織の目的を具体的に定めることによって，適用除外の範囲を明確にすることにあると考えられる．

このような修正案に対して，ウェッブ委員長や Floyd 議員は，強く反発した．ウェッブ委員長は，コノリー事件連邦最高裁判決ハーラン裁判官の意見を前提に，Nelson 修正案（「より安く購入し，生産物をより有利に販売する目的で農民により設立された協同組合」）は，農産物の価格を引き上げる目的で農産物を独占する公然たる目的をもった法人（corporation）を設立することを一定のクラスの人々に認めることである．それを支持すべきだとは

思わない．なぜある人が独占によってある種類の農産物の価格を引き上げる権利をもち，他の人が同じ権利を否定され，それを行えば投獄されるという理由がわからないと批判した［51 Cong. Rec. 9578（1914）；2K 1595］．

また Floyd 議員（クレイトン提出法案の起草者の一人）は，Nelson 修正案に反対し，「現行法において製造業者や他の種類の市民が，このような結合をすることを禁止しているときに，この国の農民及び園芸家が商業商品である生産物の価格を引き上げるために結合することを認める規定を法案に組み入れることに反対する」［51 Cong. Rec. 9578（1914）；2K 1594］と述べた．

要するにウェッブ委員長や Floyd 議員は，Nelson 修正案が一定のクラスの人々に農産物の価格引き上げのための結合を認めるクラス立法であるから，認められないというのである．

(4) 下院法案

以上の下院審議で明らかになった適用除外の範囲は，①営農方法改善のための組織・集まりや教育事業，②農産物が生産者の手元にある限りでの農産物の価格維持の合意くらいである．共同購入や共同販売を適用除外にする Nelson 修正案は否決されており，下院はこれらを適用除外することに消極的であった．7条の適用除外の範囲は極めて狭いが，これは下院議員の非営利概念の混乱に一因があると考えられる．

ともあれ全院委員会は，ウェッブ修正案を採択し（賛成 207，反対 0）［51 Cong. Rec. 9566（1914）；2K 1568］，一部議員の修正案をすべて否決した．6月5日，下院はウェッブ修正も含めた法案を採択した（賛成 277，反対 54，出席 3，棄権 99）［51 Cong. Rec. 9911（1914）；2K 1739］．

5 上院における法案審議

(1) 上院司法委員会報告

1914 年 7 月 22 日，上院司法委員会（カルバーソン委員長 Culberson，民

主党，テキサス）は，上院に法案（「上院司法委員会法案」という）を付して報告 [S. Rep. No.698, 1-51, 46, 63^d Cong. 2^d Sess. (1914)；2K 1748] を提出した．上院司法委員会法案 [H.R. 15657 AS REPORTED BY THE SENATE COMMITTEE ON THE JUDICIARY 1-31, 7, 63^d Cong. 2^d Sess. (1914)；2K 1753-1767, 1756] は，下院法案7条をつぎのように修正するものであった[26]．

第1は，第一文の「友愛，労働，消費者，農業又は園芸の組織，団体又は組合」を「労働，農業又は園芸の組織」に修正し，これに伴って「かかる組織，団体又は組合の構成員」を「かかる組織の構成員」に，また「かかる組織，団体又は組合」を「かかる組織」に修正するものであった．この修正によって，組織は労働組織と農業組織に，構成員は労働者と農民に限定されることになった．司法委員会は修正の理由について，元の文言が含めるべきでない集団を含めることによって適用除外の範囲を拡大していたと述べている．

第2は，「それらの正当な目的を実施」を「それらの正当な目的を適法に(lawfully)実施」に修正したことである．この修正は，目的だけでなく手段も制限するものであるが，司法委員会は修正の理由について，元の文言では裁判所による余りにも広い解釈を可能にするからと述べている．

(2) 法案審議

上院司法委員会報告は，法案7条の適用除外の根拠，適用除外要件を設けた理由及びそれらの内容について，特に説明していない．上院の審議は，主に7条の目的と活動要件（正当な目的を適法に実施）に関するものであった．いくつかの発言を検討しよう．

Jones上院議員（共和党，ワシントン）は，7条の目的と「正当な目的」について，つぎのように述べている．「7条は，ある組織によってなされた行為であって，他の組織によってなされれば違法となるものを，適法にするものではない．7条は他の組織に禁止されている不当に取引を制限する行為を，これらの組織に認めるものではない」「この規定が農民組織になすことは，純粋に相互扶助のために法的存在を認めることであり，なおそれら（組

織）が逸脱し，それらの商品に関し結合によって他の機関と同様にシャーマン法に違反すれば，それらは同じように法に服する．かかる行為によってその組織は現在であれば解散されるが，この規定の制定後は解散されないだろう」[51 Cong. Rec. 14012, 14014 (1914); 3K[27] 1927, 1933].

　Thomas 上院議員（民主党，コロラド）は，7条の目的についてつぎのように述べている．「それらの地位は，この規定によって定められており，組織の目的が正当（legitimate）であり，目的の追求において正当な手段が使われている限り，反トラスト法との対立はありえない．しかし，この規定はそれを超えない．それが反トラスト法の適用を受けるかどうかは，将来の行為がこれらの制定法に違反するかどうかにかかっている」「反トラスト法に関する限り，7条はすべての労働組織と農業組織を適法とし，そして従来もっていなかった彼らの組織の正当な目的と目標を適法な方法で実施する権限をそれらに付与する．しかしそれにもかかわらず，会社又は個人が禁止の範囲内にある行為によって法に違反するのと同じように，それらの組織も法に違反する行為を行う」[51 Cong. Rec. 14021 (1914); 3K 1948].

　以上の発言を整理すれば，①組織が正当な目的を適法に実施している限り，反トラスト法違反に問われることはなく，これから逸脱すれば責任を問われること，②7条は他の組織が行えば違法となるものを，適法にするものではないことである．なお下院でも Towner 議員が，同様の発言（「上述の種類の組合又は反トラスト法に違反する構成員は，他の組合又は人と同様に制限に服する」[51 Cong. Rec. 9547 (1914); 2K 1525]）をしていることを確認しておこう．

　上院は，司法委員会法案を審議し，9月2日，カルバーソン委員長の提案により，5条（条文番号が7条から5条に変更された）第一文の前に「人間の労働は，商品又は通商の物品ではない」という文言を挿入する修正を行い [51 Cong. Rec. 14590-14591 (1914); 3K 2378-2379], 修正を含め法案を採択した（賛成46，反対16）[51 Cong. Rec. 14610 (1914); 3K 2422].

第3章 農協とクレイトン法

(3) 両院協議会

上院が下院法案を大幅に修正したため，下院が改めて上院法案を審議し，これを否決した．そこで両院協議会が両法案を調整し，協議会案を作成した．6条の適用除外規定（条文番号が5条から6条に変更された）については，上院法案が協議会法案になった．協議会法案は，10月5日，上院で可決され（賛成35，反対24，棄権37）[51 Cong. Rec. 16170 (1914)；3K 2757]，ついで10月8日，下院で採択され（賛成245，反対52，出席5，棄権126）[51 Cong. Rec. 16344 (1914)；3K 2833]，クレイトン法が成立し，10月15日，ウィルソン大統領が署名した．

6 クレイトン法6条制定の意義

(1) 小括

以上，連邦議会におけるクレイトン法6条の審議状況を検討した．改めてクレイトン法6条に関する連邦議会の立法者意思を確認しよう．第1に6条制定の法的根拠であるが，連邦最高裁がシャーマン法の違法性判断基準に合理の原則を採用したことである．すなわち合理の原則の採用によって，取引を制限する農民の結合が農民に利益をもたらし，また公衆に利益をもたらせば，不合理な制限とはみなされず，シャーマン法に違反しないと解釈される可能性が生まれてくる．しかし合理性の判断を裁判所の裁量に委ねておけば，予測可能性は低く，農民の反トラスト法訴追の不安を解消することはできない．そのために法律で適用除外の範囲を定め，裁判所の裁量を制限する必要があったのである．先行研究の指摘する「合理の原則の立法化」であった．

第2にクレイトン法6条の目的であるが，①これらの組織の適法性に関する疑問を除去し，②これらの組織の適法性を承認し，③構成員の正当目的を追求する権利を保証し，④裁判所の解散命令を防止することであった．

第3に適用除外の根拠（必要性）であるが，下院司法委員会の説明はない．Nelson議員は，独占及びトラストに抑圧される農民（家族経営）を保護す

る唯一の方法は，農民組織であり，適用除外立法が必要だと主張した．農民組織による独占及びトラストの抑圧からの農民の保護，そのための農協の必要性，そのための適用除外の必要性，これが適用除外立法の根拠（必要性）と考えられる．

　第4に協同組合要件であるが，6条は「相互扶助」のみ定めており，下院司法委員会の説明はない．友愛，労働，消費者，農業，及び園芸の組織という目的も性格の異なる組織に共通するのは，相互扶助なのであろう．

　第5に組織要件であるが，これには非出資要件と非営利要件がある．まず非出資要件であるが，出資組合は当初から非出資要件により適用除外から排除されていた．これに対して酪農王国ウィスコンシン州選出のNelson議員やBrowne議員は，党派を超えて強く抗議した．なぜなら1911年ウィスコンシン法は出資組合しか認めておらず，非出資要件は酪農組合（出資組合）にとって死活問題であったからである．

　問題は出資組合を適用除外から排除した理由である．当時，非出資組合法は1895年カリフォルニア法（同系統に1909年カリフォルニア法，1909年フロリダ法，コロラド法，1915年ニューメキシコ法など），1909年アラバマ法，1917年テキサス法などがあったが，少数であった[28]．それなのになぜ6条は多数を占める出資組合を排除したのであろうか．ノースは，「この定義（6条）の採用には，当時広く普及していたウィスコンシン・ネブラスカ型立法から注意をそらし，他の州で僅かに模倣されているカリフォルニア型に注意を向けることが計算されていたことは明らかである」[29]と指摘している．それではなぜカリフォルニア型の非出資組合が登場したのであろうか．バッケン＝シャールスによれば，非出資組合を求める理由は，①出資組合は未だ資本主義的観念を維持していること，②出資は貸付と考えるべきであり，組合員の地位を基礎づけるものになるべきではないこと，③組合員の地位は出資から分離された人間的事柄（personal matter）であり，非出資組合は配当や議決権を基礎づける基礎（出資）を排除する適切な協同組合であることによる[30]．非出資組合は1つの協同組合観であるが，だからといって農協の

多数を占める出資組合を適用除外から排除する理由にはならないであろう．

　つぎに非営利要件であるが，下院の審議は混乱を極めた．審議を通じて明らかになったことは，①営農方法の改善のための集まりや教育事業は非営利，②農産物を一定の価格以下では販売しないという合意は，農産物が農民の手元にある限り適法，③労働組合が労働者の賃上げをすれば営利，④農協が有利な価格で販売すれば営利，⑤農協が共同交渉すれば営利，⑥農協が利益を組合員に配分すれば営利ということであった．Browne議員はウィスコンシンの農協は営利（下線は筆者）のために組織され，出資を有しているので，事業を行うことが法案で禁止されているとまで述べている．要するに下院の非営利概念は狭く，多くの農協，労組は組織要件のレベルで適用除外を受ける資格を失ってしまうのである．

　それでは学説は，非営利概念をどのように考えているのであろうか．1920年代にノースは，①「非営利とは，組合員が組合の活動から生じた経済的利益を受け取ることを期待しないということを意味しない」こと，②「非営利とは，かかる利益が，金銭的価値で測りうるとしても……生産者としての活動の報酬を増やすために参加する組合員に生じること」と述べている[31]．

　またパッケルは，「組合は，その本来の目的が出資に対して配当を支払うのではなく，農産物の生産者が彼らの生産物に対して合理的かつ公正な報酬を受け取ることができるよう，サービスを提供し，手段及び施設を提供する限りにおいて，非営利法人として区別される」という[32]．

　両者の非営利概念の理解によれば，労働組合が労働者の賃上げをすること，農協が有利な価格で販売すること，農協が共同交渉すること，農協が利益を組合員に配分することは，組合員にサービス，手段，施設を提供することであり，すべて非営利になるのではなかろうか．

　第6は活動要件（適用除外の範囲）であるが，上院の審議で明らかになったことは，つぎのことである．6条は，①組織が正当な目的を適法に実施している限り，反トラスト法違反に問われることはなく，これから逸脱すれば責任を問われること，②他の組織が行えば違法となるものを，適法にするも

のではないことである．

　問題は上記①と②の関係をどのように理解するかである．①は「正当な目的を適法に実施」する範囲で，農民の取引（競争）制限を認める一方で，②は農協に適用除外の特権を与えるものはない（クラス立法ではない）という．この対立は，どのように解決されるのか．その手掛かりは，ウェッブ委員長のつぎの発言にある．すなわち，100万の農民が，定められた価格以下で農産物を販売しないと合意することは適法か（Mann議員）という質問に対して，ウェッブ委員長は「農産物が，それを生産した人々（複数）の手元にある限り適法である」と答えている．これは，農民の価格維持の合意は，農産物が「生産者の手元」に，すなわち農協の内部（農協と組合員，組合員と組合員）にある限り，適法であり，他方，手元から離れると，すなわち農協の外部（農協と外部・第三者との取引）では反トラスト法が適用されるという含意である．要するにこの対立は，①内部行為適用除外・②外部行為反トラスト法適用という関係において，整理されると考えられる．

(2)　クレイトン法6条制定の意義

　最後にクレイトン法6条制定の意義について確認しよう．第1にクレイトン法6条は，初めての連邦反トラスト法適用除外立法であり，これは労働運動と農民運動の反トラスト法修正運動によって獲得されたものである．

　第2はクレイトン法6条がもたらす農協の反トラスト法上の地位である．学説をみると，ノースは，6条が取引を制限する結合とは当然（per se）にみなされない特定の種類の農協を定義したものであり，この形態の事業組織は，文言通りの適用では禁止に当たるとしても，反トラスト法の禁止には当たらないことを宣言したものであると述べている[33]．バッケン＝シャールスは，①組織が当然（per se）違法ではなく，6条に規定された条件に合致していれば，解散されないという議会の意見を明らかにしたものに過ぎないと述べている[34]．またハンナは，労働及び農業の組織は通常の活動において不合理な取引制限（unreasonable restraint of trade）ではないので，6条は不要

であると連邦議会などで論じられていたが，連邦反トラスト法全体はコモン・ローの宣言に過ぎないので，6条を挿入することは賢明であると考えられたと述べている[35]．

以上のように学説は，6条が農協の存在や活動を当然（per se）違法にするのでなく，合理の原則（rule of reason）に基づいて判断することを定めた規定ととらえている．そのことを矢沢惇教授は，「条理の原則の立法化」と呼んでいる．すなわち矢沢教授によれば，第1次大戦の頃から，一般法たる反トラスト法に対する例外を定める特別法が制定されるようになったが，それは一般原則が「合理の原則の立法化」によって特別な状況に適応するよう特殊化されたものであるが，原則を変更したものではなく，その適用除外の限界は厳格に規定されているという[36]．これによれば，クレイトン法6条は「合理の原則の立法化」であり，「正当な目的を適法に実施」という活動要件（適用除外の範囲）を定めたものである．

第3にクレイトン法6条の限界を確認しておこう．まず6条がアメリカで多数を占める出資組合を適用除外の対象から排除したことである．また「正当な目的を適法に実施」という活動要件が抽象的であり，連邦議会の審議でもどのような行為が適法で，どのような行為が違法なのか，明確にされなかったことである．このため農民は6条の制定にもかかわらず，反トラスト法訴追の不安から解放されなかったのである．

注
1) クレイトン法は，①「反トラスト法」などを定義する定義規定（1条），価格差別（2条），排他条件付取引・抱合せ取引（3条），株式取得（7条），役員兼任（8条）を禁止する実体規定，②私人による三倍額損害賠償請求（4条），政府による差止請求（15条），私人による差止請求（16条），労働紛争に対する差止命令制限（20条）などを定める手続規定，③労組及び農協に対して反トラスト法の適用を除外する（6条）適用除外規定から構成されていた．
2) 1914年7月22日，連邦議会上院司法委員会は，クレイトン法案の目的をつぎのように報告した．「法案は，違法な制限及び独占の取扱において，一般に，単独で及びそれ自身で，1890年7月2日の法律又はその他の現行反トラスト法の及ばない一定の取引慣行を禁止すること，それゆえこれらの慣行を違法とすることに

よって，萌芽のうちに完成前にトラスト，共謀及び独占の形成を阻止することを求めている」. 2 EARL W. KINTNER, THE LEGISLATIVE HISTORY OF THE FEDERAL ANTITRUST LAWS AND RELATED STATUTES 1008 (1978). 以下，本書を 2K として引用する．
3) スティアーズ事件（1911 年）をきっかけに，Cantrell 議員（ケンタッキー）は，1910 年 3 月 14 日，下院に「農産物の生産者又は家畜の飼育者に合理的な価格を保障するという目的で，ある種の契約又は結合を適用除外」するためのシャーマン法修正案を提出した．EDWIN G. NOURSE, THE LEGAL STATUS OF AGRICULTURAL CO-OPERATION 246, n.8 (1927).
4) Franklin D. Johns, Note, The Status of Farmers, Co-operative Associations under Federal Law, 29 THE JOURNAL OF POLITICAL ECONOMY 595-596 (1921).
5) 以下の記述は，中窪裕也『アメリカ労働法』12-13 頁（弘文堂，2 版，2010 年）による．
6) AFL は，各職種の全国組合の連合会である．従来，政治的な事項には関心を示さず，使用者との団体交渉において有利な労働条件を獲得するという経済的・現実的な目標に力を集中してきた．組合員数は 1900 年に 55 万人，1914 年には 200 万人を超えた．中窪・前掲注 5) 13 頁．
7) 1908 年のピューア法案（民主党）の提出，1913 年のバートレット法案（民主党）の提出など．小林英夫『サミュエル・ゴムパーズ』159 頁，168 頁（ミネルヴァ書房，1970). 51 Cong. Rec. 9543-9544 (1914); KINTNER, supra note 2, at 1517-1519.
8) 1910 年，ゴンパーズの示唆により，ヒューズ議員は「シャーマン法執行のために計上された予算は労働条件の改善を求める労働組合や生産物の公正かつ合理的な価格の確保を求める農協を訴えるために支出してはならない」とする修正案を提出し，ついに 1913 年，修正に成功した．小林・前掲注 7) 168 頁．
9) Joseph Kovner, The Legislative History of Section 6 of the Clayton Act, 47 COLUM. L. REV. 749-50 (1947); 51 Cong. Rec. 9544 (1914); KINTNER, supra note 2, at 1518.
10) AFL はクレイトン議員と何度も会談し，また労働条項の起草に際しては司法委員会の主だった委員と労働グループがしばしば会議を開いた．サミュエル・ゴンパーズ『サミュエル・ゴンパーズ自伝 下巻』383-384 頁（日本読書協会，1969).小林・前掲注 7) 170 頁．
11) ユニオンの目的は，農民相互の融和と棉花の共同出荷であった．1905 年までに南部 13 州に組織を拡大し，組合員も 20 万人に達した．組織発展の原動力は価格条件が劣っていた棉花について貯蔵施設を設置して共同出荷を追及したことであり，並行して共同購入店の設立運動も展開した．南部諸州での活動は 1912 年にピークを迎えた．以降，活動の中心はカンザス，ネブラスカなど西北中部の小麦生

産諸州に移り，穀物，家畜の共同出荷に重点をおき，1919年までに435の協同組合を経営するに至った．ユニオンは政党運動への関わりを警戒し，経済問題（生産コストに正当な利潤を加えた農産物価格の要求実現）に限定した政策要求を行った．小沢健二『アメリカ農業の形成と農民運動』122-123頁（農業総合研究所，1990).

12) エクイティーは，「生産者こそ自己の生産物の市場と価格をコントロールする権限を有すべき」であり，農民は「実業家，労働者と対抗しうる第三勢力になり，衡平な報酬を獲得すべき」であるとの信念をもつエベリットによって設立された．当初，バージニア，ケンタッキーなどのタバコ生産地帯で共同出荷組合を組織したが，その後，中西部を中心にエレベーター建設，穀物・家畜の共同出荷，農民出資の共同購入店の設置など農村各地で様々な協同組合運動を展開した．ウィスコンシン州ではラフォレットの革新主義運動の一翼を担い，運動理念の実現に向けてロビー活動を行った．しかしエクイティーの頂点は1912年の10万人であり，その後衰退を辿り，1934年にユニオンに吸収された．小沢・前掲注11) 124-125頁.

13) NOURSE, supra note 3, at 46 n.23, 48, 65 n.15, 443 app. A, 450 app. B. JOHN HANNA, THE LAW OF COOPERATIVE MARKETING ASSOCIATIONS 35 (1931).

14) JOSEPH G. KNAPP, HISTORY AND PERSPECTIVES OF COOPERATIVE STRUCTURE UNDER THE CAPPER-VOLSTEAD ACT AND THE CLAYTON AMENDMENT, in Proceedings of the National Symposium on Cooperatives and the Law 11-12 (University Center for Cooperatives, University of Wisconsin-Extension, Madison, 1974).

15) JOSEPH G. KNAPP, THE RISE OF COOPERATIVE ENTERPRISE 1620-1920, at 118 (1969).

16) R. H. ELSWORTH, THE STORY OF FARMERS' COOPERATIVES 15 (1939)；NOURSE, supre note 3, at 76.

17) ELSWORTH, supra note 16, at 14；MARTIN A. ABRAHAMSEN, COOPERATIVE BUSINESS ENTERPRISE 94 (1976).

18) 浦部法穂『アメリカの独占資本と最高裁(1)』国家学会雑誌84巻11・12号49頁（1972).

19) 矢沢惇「アメリカにおける反トラスト法の形成」『企業法の諸問題』384頁（商事法務研究会，1981).

20) 3 EARL W. KINTNER & JOSEPH P. BAUER, FEDERAL ANTITRUST LAW 6 (1983).

21) ELEANOR M. FOX & LAWRENCE A. SULLIVAN & RUDOLPH J. R. PERITZ, CASES AND MATERIALS ON U.S. ANTITRUST IN GLOBAL CONTEXT 48 (2^d ed. 2004).

22) 当時，連邦議会には，シャーマン法を補充する必要があるとの合意が存在する

一方，相競合する2つの立法構想が存在した．第1は一定の取引慣行を違法とすることによってシャーマン法を補充するという構想であり，第2はトラストは目的達成のために新しい方法を採用するので，このような制定法は無駄であり，個々の取引慣行を違法とする権限を有する取引委員会を創設するという構想であった．両構想は歩み寄ることなく，第1の構想（クレイトン法案）は下院の司法委員会と上院の司法委員会に，また第2の構想（連邦取引委員会法案）は上院の州際通商委員会と下院の州際及び外国通商委員会に付託された．KINTNER, supra note 2, at 989, n.5.4. なおクレイトン法案の背景には次のような考え方があった．すなわち，スタンダード石油事件に見られるように，トラストは株式を所有して会社を支配し，価格差別，排他的取引・抱合せ販売などの不正な競争手段を用い競争者を圧迫したので，これらの行為を独占が生じる前に未然に取り締まる必要があり，これらの行為が禁止されれば，スタンダード石油のような新しいトラストは出現しない．矢沢・前掲注19) 390-391頁．ALAN D. NEALE & D. G. GOYDER, THE ANTITRUST LAWS OF THE U.S.A. 181 (3d ed. 1980).

23) KINTNER, supra note 2, at 985-987, 1000-1023.
24) 1857-1929年，職業・弁護士・裁判官．アラバマ州選出の下院議員（民主党），任期・1897-1914年，下院司法委員会委員長．クレイトン委員長は，アラバマ北部中部地区連邦地方裁判所の裁判官の指名を受け入れ，5月25日に下院に辞表を提出したため，委員長はウェッブ（Webb，民主党，ノースカロライナ）議員に交替した．5月22日以降，全院委員会で法案の審議を開始した．http://bioguide.congress.gov/scripts/biodisplay.pl?index=C000495；2 KINTNER, supra note 2, at 1004.
25) Nelson修正案「反トラスト法のいかなる規定も，相互扶助の目的で設立され，非出資又は非営利の，会員制で運営する友愛，労働，消費者，農業又は園芸の組織，団体又は組合の，又はより安く購入し，及び生産物をより有利に販売する目的で農民により設立された協同組合の，存在及び活動を禁止し，又はかかる団体又は組合の構成員が，かかる組合の正当な目的を実施することを禁止又は制限するものと解してはならない．又かかる組織，団体又は組合及びそれらの構成員を，反トラスト法による取引を制限する違法な結合又は共謀と解してはならない」．
26) KINTNER, supra note 2, at 1009.
27) 3 EARL W. KINTNER, THE LEGISLATIVE HISTORY OF THE FEDERAL ANTITRUST LAWS AND RELATED STATUTES 1927 (1978). 以下，本書を3Kとして引用する．
28) NOURSE, supra note 3, at 59-65, n.15.
29) NOURSE, supra note 3, at 76.
30) HENRY H. BAKKEN & MARVIN A. SCHAARS, THE ECONOMICS OF COOPERATIVE MARKETING 276 (1937).
31) NOURSE, supra note 3, at 81.

32) ISURAEL PACKEL, THE LAW OF COOPERATIVES 51 (2^d ed. 1947).
33) NOURSE, supra note 3, at 246-274.
34) BAKKEN & SCHAARS, supra note 30, at 281.
35) John Hanna, Cooperative Associations and the Public, 29 MICH. L. REV. 148, 170 (1930).
36) 矢沢・前掲注19) 83頁.

第4章　農協とカッパー゠ヴォルステッド法

1　はじめに

　クレイトン法制定から数年後の1922年，第67連邦議会は，カッパー゠ヴォルステッド法（「農産物の生産者の組合を承認する法律」，以下「CV法」という）を制定した．クレイトン法6条は，農協の大部分を占める出資組合を適用除外の対象から排除し，また「正当な目的を適法に実施する」という活動要件が抽象的で適用除外の範囲が不明確であったため，反トラスト法訴追を怖れる農民の不安を解消することはできなかった．そこで農民運動は，改めて反トラスト法適用除外立法制定運動に取り組むことになったのである．
　本章は，農協に対する反トラスト法適用除外を定めたCV法を取り上げ，同法の目的，適用除外の根拠（必要性），適用除外の範囲，CV法制定の意義などについて検討することを課題とする．まずCV法の内容と適用除外要件を確認しておこう．

農産物の生産者の組合を承認する法律（1922年）

(An Act To authorize association of producers of agricultural products, ch. 57, 42 Stat. 388（1922））

【第1条】　農民，農園主，牧場主，酪農民，堅果又は果実生産者として農産物の生産に従事する者は，州際及び外国通商において，彼らの農産物を集団で加工し，販売の準備をし，取り扱い，販売する限りにおいて，法

人であるか否かを問わず，出資の有無を問わず，組合において共同することができる．かかる組合は共同の販売機関を所有することができる．かかる組合及びその組合員は，かかる目的を達成するために必要な契約及び協定を締結することができる．但し，かかる組合は，生産者としての組合員の相互利益のために運営され，及び次の要件の1又は2に適合しなければならない．

第1　いかなる組合員も，自己が所有する出資額を理由に，1個の議決権を超えることは許されないこと，又は　第2　組合は，出資に対して年8％を超える配当を支払わないこと．及びいずれの場合においても次の要件に適合しなければならない．第3　組合は，組合員のために取り扱われる農産物の価額を超える非組合員の農産物を取り扱ってはならないこと．

【第2条】　農務長官は，州際又は外国通商において農産物の価格が不当に引き上げられたといえる程度にまで組合が独占し又は取引を制限していると信じる理由があるときは……独占又は取引の制限を停止するよう組合に指示する命令を発出し，組合に送達させるものとする．（以下省略）

　　CV法は全文2条からなり，【資料2】にみられるように，第1条は組合員要件（農産物の生産者），組織要件（法人or非法人，出資or非出資），協同組合要件（相互利益，1人1議決権or出資配当制限8％），活動要件（組合で共同し，集団で加工・販売準備・取扱・販売し，共同の販売機関を所有し，目的達成に必要な契約・協定を締結）などの適用除外要件から構成されている．第2条は，農協が農産物の価格を不当に引き上げられたといえる程度にまで独占し又は取引を制限した場合における農務長官の排除措置命令の発動要件，手続要件から構成されている．すなわちCV法1条の適用除外要件の構造は，組合員要件，組織要件，協同組合要件を充足すれば適用除外を受ける資格が生まれ（適格組合），適格組合の活動が活動要件を充足する範囲で適用除外を受けることができるというものである．

【資料2】 カッパー＝ヴォルステッド法（下線は修正箇所）

	項　目	下院司法委員会法案 (H.R. 13931, 1920年)	下院司法委員会法案 (H.R. 2373, 1921年)	CV法（1922年）
1条	組合員要件	農産物の生産者（農民, 農園主, 牧場主, 酪農民, 果実生産者）	農産物の生産者（農民, 農園主, 牧場主, 酪農民, <u>堅実又は果実生産者</u>）	農産物の生産者（農民, 農園主, 牧場主, 酪農民, 堅実又は果実生産者）
	組織要件	法人or非法人 出資or非出資	法人or非法人 出資or非出資	法人or非法人 出資or非出資
	協同組合要件	①相互利益, ②1人1議決権or出資配当制限8%	①相互利益, ②1人1議決権or出資配当制限8%	①相互利益, ②1人1議決権or出資配当制限8%
	活動要件	農産物の生産者は, ①組合で共同し, ②組合員の農産物を集団で加工・販売準備・取扱・販売, ③組合を設立・運営し, 目的達成のため契約・協定を締結	(a) 農産物の生産者は, 組合で共同し, <u>生産者の農産物</u>を集団で加工・販売準備・取扱・販売 (b) <u>組合は共同の販売機関を所有</u> (c) <u>組合と組合員は目的達成のため契約・協定を締結</u>	(a) 農産物の生産者は, 組合で共同し, 生産者の農産物を集団で加工・販売準備・取扱・販売 (b) 組合は共同の販売機関を所有 (c) 組合と組合員は目的達成のため契約・協定を締結 (d) <u>非組合員の員外利用を50％に制限</u>
2条	濫用規制	農務長官の排除措置命令, （取引制限又は競争減殺）	<u>農務長官の排除措置命令, （独占又は取引制限）</u>	<u>農務長官の排除措置命令, （独占又は取引制限）</u>

2　カッパー＝ヴォルステッド法制定の背景

(1)　農民運動の動向

　それではCV法はどのようにして制定されたのであろうか．この問題を解明するためにはCV法制定の背景にある農民運動の動向，州政府の対応，連邦政府の対応，裁判所の対応について検討する必要がある．まず農民運動であるが，1919年，アメリカ最大の農民組織ビューロー（American Farm

Bureau Federation, AFBF）が設立され，グレンジ，ユニオンなどとともに反トラスト法適用除外立法運動を担う農民組織が形成されたことである．当時の各農民組織の勢力（家族単位の加盟数）は，グレンジ23万（1920年），ユニオン13万（1919年），ビューロー47万（1921年）であった[1]．

つぎに大規模農協の発展が，州際通商における連邦反トラスト法適用除外立法の制定を強く要請したことである．欧州農業協同組合調査団の派遣，スミス＝レバー法の制定，州協同組合法の制定，州反トラスト法適用除外立法の制定など，州政府や連邦政府の支援を受けて，農協が急速に発展した．連邦農務省の調査によれば，①販売農協は1913年から1921年にかけて，2,988組合から6,476組合へ（2.2倍），事業高は304百万ドルから6,476百万ドルへ（21.3倍），1組合当り事業高は0.10百万ドルから0.18百万ドルへ（1.8倍）と増加した．また②購買農協も111組合から898組合へ（8.1倍），事業高は6百万ドルから58百万ドルへ（9.6倍），1組合当り事業高は0.05百万ドルから0.06百万ドルへ（1.2倍）と増加した[2]．また③販売農協の推定組合員数は，1915年の592千人から1925-26年の2,453千人へ（4.1倍），④購買農協のそれは60千人から247千人へ（4.1倍）へと増加した[3]．この結果，単位農協（local）は，ほとんどすべての州に設立され，また広域形態（centralized）又は連合会形態（federated）による大規模農協が発展し，シェアを拡大した[4]．このような大規模農協の出現は，州際通商における連邦反トラスト法適用除外立法の制定を強く要請するものであった．

(2) 各州政府の対応
(a) 各州政府における市場部局の設置

つぎに各州政府の農協に対する対応であるが，各州政府が販売農協の支援策に力を入れ，州協同組合法や州反トラスト法適用除外立法を制定したことである[5]．まず多くの州政府が，連邦農務省の市場課の設置（1913年）や販売及び農業信用に関する全国会議で示された販売方法の改善に刺激されて，市場部局を設置し，農産物の販売条件の改善に取り組んだ．このような市場

第4章　農協とカッパー＝ヴォルステッド法

部局の活動が，農協数の増加や大規模化をもたらしたのである．

(b) 州協同組合法の制定

また多くの州で州協同組合法が制定され，農協の設立を促進したことである．この時期の州協同組合法は，出資組合法と非出資組合法に分けられる．ロッチデール型の出資組合法の典型である1911年ウィスコンシン法は，1918年までに13州で採用された[6]．同じく出資組合法である1911年ネブラスカ法も1917年までに3州で採用された[7]．また非出資組合法は，1895年カリフォルニア法（及び農業に限定した1909年カリフォルニア法），1909年アラバマ法，1917年テキサス法の3つに由来する[8]．1909年カリフォルニア法は，1921年までに4州で採用された[9]．

以上のように州協同組合法は1910年代に各州に普及し，農協の設立に役立った．しかし，それらの内容は不均一であり，内容の均一化は，1920年代の標準販売協同組合法（以下「標準法」という）の各州への普及を待たなければならなかった．

(c) 州反トラスト法適用除外立法の制定

1916年及び1919年，いくつかの州の酪農組合が配給業者に対して価格引き上げのため，ミルク・ボイコットを行ったところ，州及び連邦の司法当局が反トラスト法訴追し，これを契機に，ニューヨーク州（1918年），イリノイ州（1919年），ノースカロライナ州（1921年）などで州反トラスト法適用除外立法が制定され[10]，連邦反トラスト法適用除外立法の制定を促したことである．ニューヨーク州では，1918年，刑法典及びドネリー法（ニューヨーク反トラスト法）が修正された[11]．イリノイ州でも1919年にニューヨーク州刑法典とほぼ同じ内容になるように反トラスト法が修正された．

またオハイオ州では1921年，農協が農産物の価格を生産費プラス合理的な利益を超えて引き上げる程度に取引を制限し又は競争を減殺しているとオハイオ公益委員会が認めるときは，停止命令を発出することができるという

法律が制定された（なお監督を受ける組合は，生産者として組合員の相互利益のために活動し，1人1議決権か（or）8％を超えない出資配当制限のいずれかに適合するもの）[12]．

このような酪農組合への反トラスト法訴追を契機にして，いくつかの州で州反トラスト法適用除外立法が制定されたが，これらの立法は州際通商における連邦反トラスト法適用除外立法の制定を促すものであった．

(3) 連邦政府の対応

1914年のクレイトン法制定の前後から，連邦農務省が市場課を設置し，農務省協同組合法案を作成・公表し，また連邦議会が各種立法により農協を支援し，義務を免除するなど，連邦政府が農協に対してさまざまな支援策を行うようになったことである．

第1に農務省が市場課を設置し（1913年），職員に農協関係者を採用し，「購買及び販売協同組合」プロジェクトを実施するなど，農協の支援を始めたことである[13]．

第2に1917年，農務省が各州政府に対して参考にすべきモデル法案として協同組合法案（「クレイトン法6条に適合するように作成された州協同組合法のための提案」）[14]を作成・公表したことである．クレイトン法6条は，相互扶助を目的とし，非出資又は非営利の農業組織を反トラスト法適用除外にすると定めていたが，各州の協同組合法は多様な協同組合を認めていた．そこで協同組合が反トラスト法適用除外の利益を最大限に引き出すためには，クレイトン法6条の適用除外要件に適合した，より均一な州協同組合を形成する必要があったからである[15]．

農務省協同組合法案[16]は，1917年から21年にかけてオクラホマなど7州で採用され，アイオワ法に影響を与え，さらにその多くの規定が1920年代に制定される標準法に具体化されたので，現代の協同組合法への影響は極めて大きかったといわれている．

第3に連邦議会が一般歳出法，スミス＝レバー法，食料品規制法，食肉業

者及び家畜置場法などの制定に際して，農協を支援し，義務を免除したことである．一般歳出法は司法省が農協や労働組合を反トラスト法違反で訴追しないよう，毎年（1914年〜1928年の間更新），反トラスト法執行のために予算を使用することを制限した[17]．1914年のスミス＝レバー法（Smith-Lever Act, ch. 79, 38 Stat. 372 (1914)）は，連邦農務省と州立農業大学の農業教育普及制度（extension system）を推進するために，3,000の郡のほとんどに農業家庭展示施設を設けるための基金の実質的部分を提供した．1917年の食料規制法（Food Control Act）は，供給を制限し，又はかかる品目の販売価格に影響を与える目的で食料品又はその他の生活必需品を買いだめし又は破壊することを重罪とした．しかし同法26条は「農民及び青果生産者，協同組合その他の取引所又は同様の性質を有する社団は，本条の適用には含まれない」と規定し，農民や協同組合を取締りの対象から除外し，奨励した[18]．1921年の食肉業者及び家畜置場法（Packers and Stockyards Act）は，家畜置場経営者が，農務長官に提出した価格表に基づき徴収した料金の一部を返還することを禁止する一方，協同組合が，家畜の剰余金を利用高配当原則により組合員に誠実に返還することを禁止するものではないと定め，協同組合の利用高配当を承認した[19]．

以上のような各種立法の制定は，カッパー＝ヴォルステッド法制定以前から，農協を特別扱いすべきだという感覚を連邦議会に副次的に認識させるのに成功した[20]．

(4) 裁判所の対応
(a) クレイトン法6条に関する判決

最後に裁判所は，クレイトン法制定以降，農協に対してどのように対応してきたのであろうか．クレイトン法6条の適用除外要件が争われた事件及び州適用除外立法が合衆国憲法第14修正に違反するかどうかが争われた事件を検討しよう．

(ア) キング事件判決（刑事，1916 年）(United States v. King, 229 F. 275 (D. Mass. 1915)；United States v. King, 250 F. 908 (D. Mass. 1916))

　本件は，メイン州でジャガイモの75％を出荷するアルーストック組合が，代金を支払わない等の「好ましからざる」人物のブラックリストを作成し，組合員に対して彼らとの取引を禁止し，非組合員に対しても彼らとの取引をやめなければ，非組合員との取引を止めるよう通知したところ，組合員たちが二次ボイコットを行ったという理由で，正式起訴された事件である．

　被告人は，クレイトン法6条により適用除外されると主張したが，裁判所は，①本組合がクレイトン法6条の組合員要件に該当することが立証されていないこと，②仮にそうであるとしても，「二次ボイコットによるアウトサイダーの強制は，かかる組合の正当な目的の適法な実施と考えることはできない」との理由で，二次ボイコットに対してシャーマン法を適用した．

(イ) カリフォルニア・レーズン組合事件地裁同意判決（民事，1922 年）[21]

　本件（同意判決のため事実関係が不明確）は，ブドウ生産者，商人，包装業者，その他の者を組合員とし，25名の受託者に議決権信託をするレーズン組合が，組合員との間の販売契約によりブドウ耕作地の80％以上を支配し，レーズンの販売価格を引き上げたことが問題とされた事例である．レーズン組合はクレイトン法6条の組合員要件，組織要件に該当せず，シャーマン法が適用された．

(b) 合衆国憲法第14修正に関する判決

インターナショナル・ハーベスター対ミズーリ事件連邦最高裁判決（民事，1914 年）(International Harvester Company of America v. State of Missouri (234 U.S. 199 (1914))

　本件判決は労働組合に対する州反トラスト法適用除外立法が合衆国憲法第14修正（平等保護条項）に違反せず，合憲であると判示したもので，農協に対する州反トラスト法適用除外立法を違憲としたコノリー事件連邦最高裁判決（1902 年）を覆す可能性をもつ判決であるが，詳細は第5章で紹介する．

(5) 小括

 以上，CV 法制定の背景にある農民運動の動向及び農協に対する各州政府，連邦政府，裁判所の対応を検討した．これらを要約すれば，第1に新農民組織ビューロー（AFBF）が誕生し，反トラスト法適用除外立法運動を推進する運動主体が形成・強化されたことである．また州政府や連邦政府の支援を受けて農協数が増加し，大規模農協が発展し，州際通商における連邦反トラスト法適用除外立法の必要性がますます高まってきたことである．

 第2に各州政府が市場部局を設置し，農協を支援し，州協同組合法や州反トラスト法適用除外立法を制定し，州際通商における連邦反トラスト法適用除外立法の制定を促したことである．その背景には州政府の農協の公共性に対する認識の深化があった．第3に連邦政府も農協に対するさまざまな支援策を行ったことである．その背後には，州政府と同様，農協の公共性に対する認識や農協を特別扱いするという認識の深化があった．第4に裁判所がクレイトン法6条について，非出資や非農民の組合（キング事件判決，レーズン組合事件判決）及び二次ボイコット（キング事件判決）は適用除外の範囲外であると判示した．他方，連邦最高裁は労働組合に対する州反トラスト法適用除外立法を合憲と判示し，コノリー事件連邦最高裁判決（1902年）を覆す可能性を与えたことが重要である．

 この時期，反トラスト法適用除外立法を制定する条件が，主体的にも客観的にも成熟してきたということができる．

3 カッパー＝ハースマン法案（1919年）

(1) 反トラスト法適用除外立法運動

 クレイトン法6条は，農協の大部分を占める出資組合を適用除外の対象から排除し，また「正当な目的を適法に実施する」という活動要件が抽象的で適用除外の範囲が不明確であったため，反トラスト法訴追を怖れる農民の不安を解消することはできなかった．そこで農民は，ミルク・ボイコット事件

を契機に再び反トラスト法適用除外立法運動に立ち上がった．

1916年，ニューヨーク州の酪農民連盟が配給業者に対してミルクの販売価格の引き上げを求めてボイコットを行い，要求を呑ませたところ，州当局はドネリー法（ニューヨーク反トラスト法）に違反したとの理由で連盟役員を正式起訴した．そこで連盟はニューヨーク州議会に要請して反トラスト法適用除外規定を設ける州法改正を実現し，事なきを得た．この事件を契機に，全国の酪農民組合は全国ミルク生産者協同組合連合会（National Cooperative Milk Producers Federation, NCMPF, シカゴ）を設立し，さらにこの連合会は，グレンジ，ユニオン及びその他の農民組織と共同して首都ワシントンDCに本部を置く農民組織全国会議（National Board of Farm Organization, NBFO）を設立した．1917年秋，NBFOは200団体を結集した総会で，「反トラスト法に対立することなく協同組合を設立し，活動する農民たちの権利の確立」を決議し，反トラスト法適用除外立法運動を開始した．

(2) カッパー=ハースマン法案（S. 845, H.R. 7783, 1919年）

反トラスト法適用除外立法の立法過程は，つぎのように3期に分けられる．カッパー=ハースマン法案の立法過程から検討しよう．

　第1期 カッパー（S. 845）=ハースマン（H.R. 7783）法案
　　　　　　　（1919～20年，第66連邦議会第1～2会期）
　第2期 カッパー（S. 4344）=ヴォルステッド（H.R. 13931）法案
　　　　　　　（1920～21年，第66連邦議会第2～3会期）
　第3期 カッパー（S. 983）=ヴォルステッド（H.R. 2373）法案
　　　　　　　（1921～22年，第67連邦議会第1～2会期）

カッパー=ハースマン法案は，1917年秋のNBFO総会の決議に応えて，NBFO代表のミラー（John D. Miller, ニューヨーク州酪農民連盟副会長）[22]が起草したもので[23]，できるだけ中立的に見せるため，新人議員のカッパ

ー上院議員（Arther Capper，共和党，カンザス）[24] が上院に，ほぼ同様の内容の法案を，新人議員のハースマン下院議員（Hugh Steel Hersman，民主党，カリフォルニア）[25] が下院に提案した．連邦議会における法案の審議経過は，つぎの通りである[26]．

第66連邦議会第1会期（1919.5.19〜1919.11.19）
 5.28 カッパー上院議員が上院に法案を提出，司法委員会に付託（S. 845）
 7.24 ハースマン下院議員が下院に法案を提出，司法委員会に付託（H.R. 7783）
 10.28・29・30・31 下院司法委員会が公聴会開催
第66連邦議会第2会期（1919.12.1〜1920.6.5）
 1.27・28 上院司法委員会小委員会が公聴会開催

(3) **法案の内容**

両法案は，「『不法な取引制限及び独占に対して現行法を補充し，その他の目的のための法律』と題する1914年10月15日の法律の第6条を修正する法律」と題する法律名称が示すように，クレイトン法6条を修正する形式の法案であり，4つの法文から構成されていた．（取消線は削除，下線は追加を示す）．

【カッパー法案6条第一文】(S. 845, 66th Cong. 1st Sess. IN THE SENATE OF THE UNITED STATES (1919))[27]
「……反トラスト法のいかなる規定も，相互扶助の目的で設立され，非出資又は非営利の労働，酪農，農業又は園芸の組織の存在及び活動を禁止し，又はかかる組織の構成員が，それらの正当な目的を適法に実施することを禁止又は制限するものと解してはならない……（第二文以下省略）」

> 【ハースマン法案6条第一文】(H.R. 7783, 66th Cong. 1st Sess. IN THE HOUSE OF REPRESENTATIVES (1919))
> 「……反トラスト法のいかなる規定も，相互扶助の目的で設立され，非出資又は非営利の，<u>設立された州の最低法定利率を超えない配当を毎年出資に支払う</u>労働，<u>ブドウ園，酪農，</u>農業又は園芸の組織の存在及び活動を禁止し，又はかかる組織の構成員が，それらの正当な目的を適法に実施することを禁止又は制限するものと解してはならない……．（第二文以下省略）」

　両法案の6条第一文を比較すると，カッパー法案（S. 845）は，クレイトン法6条第一文から「非出資」を削除し，「酪農」を挿入し，出資組合を適用除外の対象に加えたものである．他方，ハースマン法案（H.R. 7783）は，6条第一文から「非出資又は非営利」を削除し，「設立された州の最低法定利率を超えない配当を毎年出資に支払う」，「ブドウ園，酪農」を挿入したもので，出資組合を適用除外の対象に加えるとともに，協同組合原則の1つである出資利子制限を加えたものである．さらに両法案は，第二～四文において農業組織に限定した適用除外規定を設けている（省略）．両法案は，下院と上院の司法委員会に付託され，両委員会は公聴会を開催したが，廃案になった．

(4) 公聴会

　カッパー＝ハースマン法案は司法委員会に提出されたまま廃案になったので，司法委員会報告がない．そこで法案の立法者意思を探るため，下院及び上院の司法委員会公聴会における，法案を起草したミラー，法案を上院に提出したカッパー，下院に提出したハースマンの公述を検討しよう．

(a) ミラー（1920年1月27日上院）[28]は，3万人の株主がいるスウィフト社を例に，株主は会社を利用して団体交渉することができるのに，農民は団体交渉をすることができないことを「差別」ととらえ，差別を除去するために，

農民には明確な適用除外立法が必要だと主張した．

(b) カッパー（同年1月27日上院）[29]は，農民が大組織（中間商人）に対抗するためには団体交渉の権利が不可欠であるが，クレイトン法6条は出資組合を適用除外の対象から排除し，また何が「正当な目的」なのかはっきりしないので，これらを明確にするよう主張した．

(c) ハースマン（1919年10月28日下院）[30]は，農民が中間商人に対して価格決定力を持たず，中間搾取されており，農民が消費者に接近するためには協同組合が必要であるので，団体交渉の権利があることをはっきりさせるべきだと主張した．

彼らの主張を要約するとつぎのようになろう．第1に適用除外の根拠（必要性）であるが，農民が中間商人に対抗するためには団体交渉の権利が不可欠であり（権利付与論，ミラー，カッパー，ハースマン），株主が会社を通じて団体交渉できるのに，農民ができないのは差別であり，差別を除去する必要がある（団体交渉の権利平等論，ミラー）．第2に農民が中間商人を排除して消費者に接近するためには協同組合が必要である（組合の公共性論，カッパー，ハースマン）．第3にクレイトン法6条の規定は出資組合を適用除外の対象から排除し，また「正当な目的」があいまいなので，適用除外を明確にするためにクレイトン法の修正が必要である（ミラー，カッパー，ハースマン）．このうち第1と第2の主張は，後のCV法案に関する下院司法委員会報告にほとんど盛り込まれたと考えられる．

4　カッパー＝ヴォルステッド法案（H.R. 13931, 1920年）

(1) 下院における法案審議
(a) 司法委員会報告

本法案（H.R. 13931）は，ヴォルステッド（Andrew J. Volstead，下院司法委員長，共和党，ミネソタ）が，ハースマン法案に関する公聴会の後，ミラーに与えたつぎの2つの示唆に基づいて起草されたものである[31]．

① 議会への提案者は共和党議員とする．
② 現行法に触れず，農民に与える権利と権限を述べる．組合が法外な価格を要求したときは，公務員が適切な措置をとる規定を追加すると，議会が通りやすくなる．

①の示唆に従って，法案提出者はハースマンからヴォルステッド（共和党）に交替した．また②の示唆に従って法案は書き直され，カッパー，ヴォルステッド及びその他の農業諸組織の代表に提出され，数回の協議を経て，最終的には制定されたカッパー＝ヴォルステッド法と同じ形式の法案が起草された．連邦議会における CV 法案の審議経過は，つぎの通りである．

第 66 連邦議会第 2 会期（1919.12.1～1920.6.5）[32]
 5. 4 ヴォルステッドが下院に法案（H.R. 13931）を提出，下院司法委員会に付託
 5. 7 カッパーが上院に同一の法案（S. 4344）を提出
 5. 7 下院司法委員会が下院に報告（H.R. Rep. No.939）を提出
 5.28 下院が法案を審議
 5.31 ヴォルステッドが修正案を提案，下院が修正案を含め法案を採択（賛成 234，反対 58）
 6. 1 下院が上院に法案（H.R. 13931）を提出，上院司法委員会に付託
 6. 3 上院司法委員会が上院に報告（S. Rep. No.655）を提出

第 66 連邦議会第 3 会期（1920.12.6～1921.3.3）[33]
 12.14 上院が法案を審議
   上院が下院法案を一部修正の上採択（記録投票せず）
   協議委員を指名
 12.20 下院が上院法案に不同意，協議委員を指名
   両院協議会で合意できず，廃案

第 4 章　農協とカッパー＝ヴォルステッド法　　　　　　　　　　　71

　それでは連邦議会が CV 法を制定した立法者意思とはどのようなものであったのか，下院司法委員会報告を検討しよう．なお CV 法案は，① 1920 年の下院司法委員会報告（H.R. Rep. No.939）に基づき提案され，廃案になった法案（H.R. 13931）と，② 1921 年の下院司法委員会報告（H.R. Rep. No.24）に基づき再提案され，制定された法案（H.R. 2373）があり，2 つの下院司法委員会報告の適用除外の根拠（必要性）を示す部分はほぼ同じなので（H.R. Rep. No.24 で一部を削除），両法案の立法者意思をまとめて検討することにする．なお［番号］は筆者が付したもので，原典にはない．（今後取り上げる法案 H.R. 13931 及び法案 H.R. 2373 に関する下院及び上院の各司法委員会報告及び各司法委員会法案を邦訳したものに高瀬雅男「カッパー＝ヴォルステッド法立法資料」行政社会論集 25 巻 4 号 61-102 頁（2013）があるので，参照されたい．）

【農産物の生産者の組合】　（取消線は削除を示す）
　下院司法委員会報告（H.R. Rep. No.939, 66th Cong. 2^{d} Sess.（1920））
　下院司法委員会報告（H.R. Rep. No.24, 67th Cong. 1st Sess.（1921））
［1］この法案の目的は，農産物の生産者が彼らの生産物を共同して販売する準備をし，販売するために組合を設立することを承認することである．
［2］この法案は，州際及び外国通商で活動する権利を付与するのに過ぎない．
［3］第 2 条は，これらの組合が公衆を搾取することを防止する権限を農務長官に与えている．
［4］農民たちは，現行法のもとで極めて不公平な条件のもとにあるので，事業の状況に応じた公正な機会が与えられるべきだと主張している……ある農民が彼の生産物を販売しようとするときは，いつでも彼の生産物の価格をほとんど決めてしまう組織された資本の巨大集団の代表と市場で出会う……もしも農民が公正な価格を求めて共同交渉する目的で仲間と共同しようとすれば，彼は訴追されるおそれがある……農民が取引を強制される

会社の多くは，3千から4千の構成員からなっている．これらの構成員は1つの人格（one person）として共同して事業を行っている．その会社の執行役員は，これらの構成員の代理人として活動する．この法案は，もしも制定されれば，同様に農民に組合を設立することを認め，その執行役員は組合員の代理人として活動する．

［5］この法律は，農民たちにある特権を与えるが，それはおそらくクラス立法ということはできない……法案は，農民たちが特権を利用することができるよう，通常の事業会社に適用できる法律を変えることによって，現存する特権を平等にする（equalize）ことを目的としている．~~農民たちに特別の特権を付与する代わりに，この法案は農業組織に同様の特権を与えることによって，事業会社から特別の特権を奪うことを目的としている．~~（H.R. Rep. No.24 で削除）．

［6］ニューヨーク，ペンシルベニア，イリノイ，ウィスコンシン，ミネソタ及び多くの州が，この法案で意図されたような組合を設立する権利を付与している……この法案はこのような権利を付与することを意図している．

［7］組合の効果は，消費者に対して価格を引き上げていないことである……組合は，たくさんの食料投機を防止し，生産者，小売業者，消費者の間に介在する多数の無用な中間商人を排除するのに役立っている．

［8］高い生活費は，農業を抑えることによっては，解決できない．それは農業に従事する人々の公正な取り扱いによって解決されなければならない．農民の自尊心と職業の尊厳を維持するために，農民には農産物を購入する人々と対等な立場（equal footing）で販売する機会が与えられなければならない．

2つの下院司法委員会報告は，つぎのように要約できる．①本法の目的は農産物の生産者が組合を設立することを承認することである．②農民は農産物の販売に際して，取引の相手方に農産物の価格を決められるという「不公正な条件」のもとにあり，「公正な価格」を求めて集団交渉すれば反トラス

ト法訴追される，③この法案は農民に農産物を購入する人々と「公正な機会」「対等な立場（equal footing）で販売する機会」を与えるため，農民に会社と同様に「組合を設立することを認め」「組合を設立する権利」「州際及び外国との通商で活動する権利」を付与する，④これは組合に会社と同様の特権を与えるものであって，特権の平等化（equalize）であり，クラス立法ではない，⑤組合は価格を抑制し，食料投機を防止し，無用な中間商人を排除するのに「役立っている」（公共性がある），⑥第2条は農務長官に「組合が公衆を搾取することを防止する権限」を与えている．

この報告は，第1に農民に組合を設立する権利を与えると構成（権利付与構成）し，組合に会社と同じ特権を付与し，権利を平等にする（権利平等構成）と主張することによって，法案反対派のクラス立法批判に対抗し，第2に組合は中間商人を排除し，高い生活費を抑制し，消費者にも役立つと組合の公共性を主張（組合の公共性論）することによって，当然違法批判に対抗し，第3に万一，組合独占が公衆を搾取したときは，第2条の排除措置命令で規制できると主張することによって，組合独占批判に対抗するものであった．

(b) 下院司法委員会法案

以上のような下院司法委員会報告に基づき，つぎのような法案が提出された．

農産物の生産者の組合を承認する法案（H.R. 13931, 66th Cong. 2^{d} Sess. (1920)）

【第1条】 農民，農園主，牧場主，酪農民，又は果実生産者として農産物の生産に従事する者は，州際及び外国通商において，組合員のかかる農産物を集団で加工し，販売の準備をし，取り扱い，販売する限りにおいて，法人であるか否かを問わず，出資の有無を問わず，組合において共同することができる．法律で禁止されていない限り，かかる生産者はかかる組合を設立し，運営し，その目的を達成するために必要な契約及び協定を締結

することができる．但し，かかる組合は，生産者としての組合員の相互利益のために運営され，及び次の要件の1又は2に適合しなければならない．第1 いかなる組合員も，自己が所有する出資額を理由に，1個の議決権を超えることは許されないこと，又は第2 組合は，出資に対して年8％を超える配当を支払わないこと．
【第2条】 農務長官は，農産物の価格が不当に引き上げられたといえる程度にまで組合が取引を制限し又は競争を減殺していると信じる理由があるときは……それらを停止するよう組合に指示する命令を発出し，組合に送達させるものとする．（以下省略）

下院司法委員会法案1条（H.R. 13931）は，【資料2】（59頁）にみられるように，組合員要件（農産物の生産者），組織要件（出資 or 非出資，法人 or 非法人），協同組合要件（1人1議決権 or 出資配当制限8％），活動要件（集団で加工・販売準備・取扱・販売し，設立・運営し，目的達成のため契約・協定を締結）などの適用除外要件から構成されている．クレイトン法6条と比較すると，出資組合が適用除外の対象に加えられ，活動要件が抽象的な要件（正当目的・適法実施）でなく，詳細な要件に代えられたことがわかる．

なお本法の協同組合要件については，国際協同組合同盟（ICA, 1895年）の協同組合原則との関係が問題になるが，ICAの協同組合原則の制定は1937年のパリ大会であるから，1920年段階で両者の関係は薄いと考えられる[34]．

(c) 下院審議

下院は1920年5月28日及び29日に法案を審議した．法案は，法案賛成派と反対派の間でどのように審議されたのであろうか，適用除外の根拠（必要性）等，第1条，第2条の内容に限って検討しよう．

(ア) 適用除外の根拠 (必要性) 等

　第1に適用除外の根拠 (必要性) であるが, Swope 議員 (共和党, ケンタッキー) は,「農民は一年中穀物を育て, 家畜を肥育し, それらを彼の価格ではなく, 製粉業者, 製造業者, 食肉加工業者が提示する価格で販売」しなければならず,「不公正」である.「農民たちは, 製造業者たちと同様に, 彼らが生産したものに価格を設定する権利をもつべきである」と述べ (同旨 Barkley, 共和党, ケンタッキー) [出典, 59 Cong. Rec. 8022, 8034 (1920)], 農産物の不公正な価格決定と組合の必要性を訴えた.

　これに対して Goodykoontz 議員 (ウエストバージニア, 司法委員) は, この法案が制定されると,「コモン・ロー上不道徳と非難され, 連邦議会の以前の法律によって有罪とされた慣行が適法」になり,「食料や衣料の価格拘束が適法」になる. この国では, 本法のもとで組織された巨大な食料及び衣料トラストが見られるだろうと述べ (同旨 Igue, 民主党, ミズーリ) [59 Cong. Rec. 8040, 8039 (1920)], 違法行為が適法になり, 組合独占 (トラスト) が出現すると警告した.

　第2に権利の平等性であるが, Andrews 議員 (共和党, ネブラスカ) は,「この法案が農民のために提案しているすべての利益は, 既に金融, 製造及び労働の中枢に与えられている」. これらの特権がなぜ農民に否定されるのか.「このような否定は不当かつ不正である」と述べ (同旨ハースマン, 民主党, カリフォルニア) [59 Cong. Rec. 8024, 8025 (1920)], 非農民に与えられている特権を農民にも与えるべきだと主張した.

　これに対して Joseph Walsh 議員 (共和党, マサチューセッツ, 司法委員. 上院の Thomas Walsh とは別人) は, この法案は明らかに「クラス立法」であり,「この国の農民が結合し, 集団交渉や加工に従事することを認める法案」であると述べ [59 Cong. Rec. 7857 (1920)], また Humphereys 議員 (民主党, ミシシッピー) は,「この法案は, 残りの人々が享受していない特権を農民集団に付与するための努力である」と述べ (同旨 Young, 民主党, テキサス) [59 Cong. Rec. 8026, 8034 (1920)], 法案がクラス立法であると非

難した．

　第3に組合の公共性であるが，Morgan 議員（共和党，オクラホマ，司法委員）は，「農民の組織は，農民だけでなく，公衆にも利益になる」「法案は，農業の繁栄を促進し，農業に利益を増やし，農民に彼らが生産した富のより大きな部分を与えることを意図する一方，農産物の輸送，製造，販売，配給費用の削減及び農業における事業方法の改善から生じる実質的な利益を最終消費者に与えることを意図している」と述べ（同旨 Swope）〔59 Cong. Rec. 7851-7852, 8022-8023（1920）〕，組合が組合員（農民）だけでなく消費者にも利益をもたらし，公共性があると主張した．

　これに対して Sabath 議員（民主党，イリノイ）は，「この法案が制定されると，農民はその結合又は組織が請求する価格を取り立てる全権限をもつことを可能」にする．農民でない 7,500 万人のアメリカ人は，「生活費の継続的で著しい増加に我慢できず，不公正で非道なこのクラス立法に耐えられない」と述べ〔59 Cong. Rec. 8018（1920）〕，組合が消費者に与える影響を指摘した．

　第4に法案の目的であるが，ヴォルステッド（委員長）は，「この法案は，組合員の生産物を販売するため，農民に組織する権利を与えること」であると述べ（同旨 Morgan）〔59 Cong. Rec. 8017, 7851（1920）〕，法案の目的が農民に組合を組織する権利を付与することであることを明らかにした．

（イ）第1条の内容

　第1に組合の設立であるが，ヴォルステッドは，1条が会社の設立を承認する通常の法律をモデルにしており，個人が一定の規制に従う会社の社員になることができると規定する代わりに，この法案は「農民が，彼らが生産した穀物を販売する際に，それぞれの組合員を援助することを目的とする協同組合にするために規定され，制限された一定の組合の組合員になることができる」と規定したと述べ〔59 Cong. Rec. 8017（1920）〕，会社と同じように，農民が組合の組合員になることができると指摘した．

　第2に出資利子制限8%であるが，ヴォルステッドは，この規定が「農民

を保護」すること，すなわち「組合員の生産物から生じた収益を組合員に支払うよう組合の執行役員に強制する」ことを意図しており，ある人は8%の代わりに5～6%の配当を主張するが，高金利の今日において8%にする必要があり，そうでなければ事業に必要な資金を獲得することができないと述べ［59 Cong. Rec. 8017 (1920)］，8%制限が組合員を保護する一方，資金調達のため必要な金利であることを指摘した．これに対してWatkins議員（民主党，ルイジアナ）は，なぜこの制限は8%なのか，他の事業組織は，配当の支払いについて適当と思われるいかなるパーセントでも認める完全な許可のもとに設立されている．同様の制限が他の組織に置かれないのであれば，「この制限を農民の組織に置くことは正当ではない」と述べ［59 Cong. Rec. 8029 (1920)］，出資利子制限の撤廃を求めた．

(ウ) 第2条の内容

組合独占についてBrowne議員（共和党，ウィスコンシン）は，「合衆国に分散する数百万人の農民が，抑圧的なトラストを形成することは不可能であり，もしも彼らがそうすることができれば，農務長官がこの法案に基づき組合を解散することができる」と述べ［59 Cong. Rec. 8035 (1920)］，独占形成の困難性と独占規制（排除措置命令）の実効性を指摘した．これ対してウォルシュは，農民が価格の引き上げを通じて競争を減殺し又は取引を制限する場合，この法案の規定により訴追するかどうかの決定権を，「農民の守護天使」(the guardian angel of the farmers)である農務長官に引き渡しているが，他の産業ではその権限を別の機関に授けている．またこの法案には「個人が訴状を提出し，又は捜査又は訴追を請求する規定がない」と述べ（同旨Husted，共和党，ニューヨーク）［59 Cong. Rec. 7857, 8021 (1920)］，私人に提訴権限がないので，農務長官が権限を行使しなければ何もできないと第2条の問題点を指摘した．

(d) 修正と採決

法案は，消費者への価格引き上げになると主張する都市部議員と，そうは

ならないと主張する農村部議員との間で，長い間議論された[35]．最後にヴォルステッドが，つぎのような修正案を提案した [59 Cong. Rec. 8037 (1920)]．「第2条の末尾に，次の文言を加える．但し，本条のいかなる規定も，クレイトン法として知られる1914年10月15日に承認された『不当な制限及び独占に対して現行法を補充し，その他の目的のための法律』と題する法律の第6条に規定された組織又はその構成員に適用してはならない」（以下「ヴォルステッド修正」という）．修正案は，クレイトン法6条に規定する組織及び構成員に対して，法案2条を適用しないとするものであった．その理由についてヴォルステッドは，修正の目的は農民たちが現在反トラスト法のもとで持っている権利を保持することであり，第2条が，現在彼らが持っているいくつかの権利を奪わないか疑問があるからと述べた [59 Cong. Rec. 8036 (1920)]．修正案は採択され，修正された法案は賛成234，反対53，棄権132で採択され，上院に送付された [59 Cong. Rec. 8040-8041 (1920)]．

(2) 上院における法案審議
(a) 上院司法委員会報告

上院司法委員会は，6月3日，つぎのような修正を加えて法案を採択する旨の勧告を付して上院に報告を提出した (S. Rep. No.655, 66th Cong. 2^{d} Sess. (1920))[36]．①第2条の「農務長官」という文言を削除し，「連邦取引委員会」という文言を挿入する．②第2条の「ヴォルステッド修正」を削除する．③削除した後につぎの文言（以下「2条但書」という）を挿入する．

【2条但書】 本条は，独占の形成又は独占形成の企画を承認し，又は通商における不公正な競争方法を理由に1914年10月15日に承認された『不法な制限及び独占に対して現行法を補充し，その他の目的のための法律』と題する法律に基づき開始された手続から，この法律によって組織された組合を除外するものと解してはならない．

報告は，①の修正理由について「連邦取引委員会は，法案2条の規定を実施するために情報を入手するのに必要な組織を既に備えている」ので，「農務長官よりも，連邦取引委員会に法案に規定された組合の監督を残す方がより安全である」と説明している．しかし②の「ヴォルステッド修正」を削除し，③の「2条但書」を挿入した理由について特に説明していない．

しかしこれらの修正は，法案1条の適用除外を骨抜きにするおそれがあると考えられる．第1に監督機関が農務長官から連邦取引委員会に変更され，農協は農業に関する専門的知識に乏しい連邦取引委員会の排除措置命令に服することになるからである．第2により重要なことは，「2条但書」(①「独占の形成又は独占形成の企画」の禁止 or ②クレイトン法の適用)に該当する場合，農民の結合（農協）は適用除外されなくなるおそれがあるからである．その理由は，後に（第67連邦議会第1会期）に上院司法委員会が類似の修正案（「上院代案」という）を盛り込んだ報告 [S. Rep. No.236, 67th Con. 1st Sess. (1921)] を提出するので，その際，両者を合わせて検討することにする（90-91頁を参照のこと）．

(b) 上院審議
(ア) 適用除外の根拠（必要性）等

上院は12月14日及び15日に法案を審議した．法案は，法案賛成派と反対派の間でどのように審議されたのであろうか，適用除外の根拠（必要性）等，第1条，第2条の内容に限って検討しよう．

第1に適用除外の根拠（必要性）であるが，Kellog議員（共和党，ミネソタ，司法委員）は，数年前に起きたカリフォルニアの青果生産者の破産を取り上げ，彼らは生産物を販売する施設を持たず，代理人を持たず，倉庫を持たず，生産物を線路上に捨て始め，市場は供給過剰になり，それらを買い取ることができなかった．その年の別の季節には果物に驚くほど高い価格を支払わなければならず，果物を入手することができなかった．現在，生産者は真に科学的で能率的な組織をもち，果物を取り扱う倉庫を持ち，代理人を

持っている.「公衆はその国の標準価格よりも少なく支払い，生産者はより多く受け取っている」と述べ［60 Cong. Rec. 360-361（1920）］，組合の必要性や公共性について指摘した．

これに対して King 議員（民主党，ユタ，司法委員）[37] は，現在レーズン生産者の結合に対して訴追が係属しているが，「ブドウ生産者はカリフォルニア州のすべてのレーズンを支配するために組合を設立し，価格を300％以上引き上げた．彼らはレーズン産業を独占し，価格を拘束し，国を手中に収めるほど強力である」と述べ［60 Cong. Rec. 313（1920）］，組合独占の弊害を指摘した．

第2に農協の反トラスト法上の地位であるが，Thomas Walsh 議員（民主党，モンタナ，司法委員）は，「最高裁判所はシャーマン法が取引を制限するすべての結合にではなく，取引を不当に制限する結合にのみ適用されると判示（1911年のスタンダード石油事件最高裁判決，筆者注）した……このような定義のもとで，通常の農民の販売協同組合が取引を制限しても，不当な制限ではないからシャーマン法の適用を受けない．法案は，このような性格の農民の結合が，取引を不当に制限する結合でないことを立法宣言（legislative declaration）したのに過ぎない」と述べ［60 Cong. Rec. 372（1920）］，法案が，合理の原則の採用によって，取引を制限する農民の結合（農協）が，不合理な制限にはならず，シャーマン法に違反しないことを立法的に宣言したと指摘したのである．これは農協の反トラスト法上の地位を考えるうえで重要な指摘であった．

第3に法案の目的であるが，Sterling 議員（共和党，サウスダコタ，司法委員）は，「シャーマン法が農業に従事する人々によって設立された組合に適用されないこと」を明らかにすることであると述べ［60 Cong. Rec. 315（1920）］，法案の目的が，農民の結合（農協）が不合理な制限ではなく，シャーマン法が適用されないことを明らかにしたと指摘した．

(イ) 第1条の内容

第1に活動要件のうちの連合会であるが，Walsh 議員は，法案はさまざ

第4章　農協とカッパー＝ヴォルステッド法　　　　　　　　　　81

まな組合の結合を認めていないので弱点があり，カリフォルニア青果生産者組合の計画にある販売連合会のための規定が必要であると述べ [60 Cong. Rec. 370 (1920)]，連合会の必要性を指摘した．

　第2に協同組合要件のうちの出資利子制限8％であるが，Walsh 議員は，出資が必要なときがあり，出資に貢献した人は，出資に対して8％のみ得ると規定されている．「出資に対して8％が支払われた後，残余利益は組合員の間で比例的に配分される」と述べ [60 Cong. Rec. 365 (1920)]，また Smith 議員（民主党，ジョージア，司法委員）は，「8％制限は，大出資者である組合員に対して非出資者である組合員を保護することを意図している」と述べ [60 Cong. Rec. 365 (1920)]，出資利子制限が非出資組合員の保護にあり，利子を支払った後，利用高配当があると指摘した．

(ウ) 第2条の内容

　上院司法委員会が新たに挿入した「2条但書」の意味が議論された．Walsh は，2条但書について，「これらの組織のいずれかが，独占的慣行に訴え，競争者を事業から追い出すことを企て，又は購入代理人その他の場合において買収に訴えるときは，それらはすべて連邦取引委員会法（ママ）の適用に服し」，またシャーマン法の適用にも「疑いなく」服すると述べ [60 Cong. Rec. 373 (1920)]，組合の独占的慣行に対して連邦取引委員会法だけでなく，シャーマン法も適用されると指摘した．「2条但書」の問題点は後に「上院代案」の問題点と合わせて検討する．

(c) 修正と採決

　12月15日，上院は下院法案2条の「農務長官」を「連邦取引委員会」に代え，ヴォルステッド修正を削除し，2条但書を挿入するという上院司法委員会法案を記録投票せずに採択した．つぎに上院は，2条の修正案（2頁20行の商品 (article) の後にコンマと「聴聞のために指定される場所は，組合の主たる事務所の所在する連邦裁判管轄区とする」を挿入する）を採択し，最後に修正された法案を記録投票せずに採択した [60 Cong. Rec. 376-377

(1920)］．上院と下院で採択された法案が違ったため，協議委員が指名され，両院協議会が開催されたが，合意に至らず，法案は廃案になった．

5 カッパー＝ヴォルステッド法案（H.R. 2373, 1921 年）

(1) 下院における法案審議
(a) 反トラスト法適用除外立法運動

　共和党，民主党の二大政党は，1920 年の大統領選挙において，農民の組合を設立する権利，団体交渉する権利，共同販売する権利などを承認する政策綱領［61 Cong. Rec. 1044（1921）］を発表し，連邦議会における法案審議に大きな励ましを与えた．1921 年 3 月 4 日にハーディング大統領の政権が発足すると，大統領は農業指導者の会議を招集し，農産物の準備及び販売のために結合する権利を農民に与える新法を支持すると表明した（カッパー＝ヴォルステッド法案を支持するとは明言しなかった）[38]．大統領が会議を去った後，農業指導者たちはカッパー＝ヴォルステッド法案について議論し，先の下院で採択された立法を推進する決議を全員一致で採択し，大統領に提出した[39]．

(b) 下院司法委員会報告

　ヴォルステッドは，1921 年 4 月 11 日に再び「農産物の生産者の組合を承認する法案」（H.R. 2373）を下院に提出し，それは彼が委員長である司法委員会に付託された．またカッパーが上院に提出した法案（S. 983）は，上院農林委員会に付託された．連邦議会における審議経過はつぎの通りである．

第 67 連邦議会第 1 会期（1921.4.11～1921.11.23）[40]

　　4.11　ヴォルステッドが下院に法案（H.R. 2373）を提出，司法委員会に付託

　　4.19　カッパーが上院に法案（S. 983）を提出，農林委員会に付託

4.26　下院司法委員会が下院に報告（H.R. Rep. No.24）を提出

5. 4　下院が法案を審議，採択（賛成 295，反対 49）

5. 5　下院が上院に法案（H.R. 2373）を提出，司法委員会に付託

6. 2・7・9・10・11・20　上院司法委員会小委員会公聴会

7.27　上院司法委員会が上院に報告（S. Rep. No.236）を提出

第 67 連邦議会第 2 会期（1921.12.5～1922.9.22）[41]

2. 2　上院が法案を審議

2. 8　上院が上院司法委員会法案を否決（賛成 5，反対 56）

2. 8　上院が修正した下院法案を採択（賛成 58，反対 1）

2.11　下院が上院法案を審議，採択（賛成 276，反対 8）

2.18　ハーディング大統領が署名

1921 年 4 月 26 日，下院に提出された下院司法委員会報告［H.R. Rep. No.24, 67th Cong. 1st Sess. (1921)］は，先の司法委員会報告［H.R. Rep. 939, 66th Cong. 2d Sess. (1920)］をほとんど踏襲しつつ，若干の修正を施すものであった．まず適用除外の根拠（必要性）に関する部分（H.R. Rep. No.24）は，先の報告（H.R. Rep. 939）をほぼ踏襲しているので（一部削除），内容の紹介は割愛する（71-72 頁を参照のこと）．

つぎに報告の修正部分を検討しよう．第 1 に報告（H.R. Rep. No.24）は，共同の販売機関の必要性について追加したことである．すなわち報告は，穀物生産地域に所在する組合の所有する農場エレベーターが共同の販売機関を設立できず，沿線エレベーターを所有する中央エレベーター会社に穀物を販売せざるを得ないので，販売が極めて不利になっている事例をあげ，共同の販売機関の必要性を指摘した．

第 2 に報告は，先の上院で加えられた 2 つの修正に対して反論したことである．まず報告は，組合の設立を支持し，組合の必要性を知り，内外の農産物の販売条件や価格を常に研究する市場課を持ち，組合が請求した価格が超過しているかどうか決定する能力が十分ある農務長官が，組合を監督するの

にふさわしいと反論した．また農産物の価格が不当に引き上げられる程度にまで組合が独占し又は取引を制限する場合，法案には公衆を保護するための十分な規定があり，農務長官は専門的知識を用いて他の当局よりも迅速に救済することができること，組合がその判断を遵守できないときは暫定差止命令を発出すること，法案で認められた組合がシャーマン法で禁止されたことを行った場合，制裁に服すること，それゆえ組合が競争しながらうまく事業を行うことができるよう現在，会社が享受しているのと同じ訴追免責を組合に付与することが求められると反論した．

第3に報告は，1920年の二大政党の全国会議が農産物を販売するため組合を設立する農民の権利を支持する政策綱領を採択したことを確認した．第4に組合員に「堅果」(nut) 生産者を追加した．

以上のように下院司法委員会報告は，先の司法委員会報告の内容をほとんど踏襲しつつ，共同の販売機関の所有のような上院の主張を取り入れる一方，上院の批判に対する反論を用意するものであった．

(c) 下院司法委員会法案

下院司法委員会法案 [H.R. 2373, Rep. No.24, 67th Cong. 1st Sess. (1921)] は，先の下院司法委員会法案 [H.R. 13931, 66th Cong. 2^{d} Sess. (1920)] の内容を踏襲しつつ，第1条及び第2条に若干の修正を加えるものであった．【資料2】(59頁) によりながら，その違いを検討しよう．なお上院農林委員会に付託されたカッパー法案（S. 983）は，下院の審議が進んだので，特に措置されなかった[42]．

(ア) 第1条の内容

第1に組合員要件であるが，法案（H.R. 2373）は組合員に「堅果」生産者を追加し，組合員の範囲を拡大したことである．その理由について司法委員会報告は特に説明していない．

第2に活動要件であるが，法案は組合が取り扱うことができる農産物の範囲を「組合員」の農産物から「それに従事する者」の農産物へと拡大したこ

とである．これは非組合員が組合を員外利用できるようにするための修正であるが，報告はその理由について特に説明していない．

また法案は，「かかる組合は共同の販売機関を所有することができる」という文言を追加し，共同の販売機関の所有を認めたことである．これはWalsh議員が先の上院で連合会規定の必要性について指摘したことへの対応であった[43]．報告は，組合の農場エレベーターが共同の販売機関を設立できず，不利になっている事例をあげ，共同の販売機関の必要性を指摘した．

(イ) **第2条の内容**

第2条の排除措置命令手続であるが，法案H.R. 2373は，法案H.R. 13931の手続にいくつか技術的修正を加えたことである．報告はこれらの修正点について特に説明していない．主な修正点は，①「かかる組合が取引を制限し又は競争を減殺する」を「かかる組合が独占し又は取引を制限する」にと，②「かかる商品の取引を制限し又は競争を制限することを」を「それらを」にと，③「農産物の価格が不当に引き上げられ，又は引き上げられつつあるといえる程度にまで組合が取引を制限し又は競争を減殺する」を「農産物の価格が不当に引き上げられたといえる程度にまで組合が独占し又は取引を制限する」にと，④「かかる組合が」を「組合の要求に基づき又はかかる組合が」にと，⑤「組合が主たる事務所を有する地方裁判所に」を「組合が主たる事務所を有する裁判管轄区の地方裁判所に」にと，⑥「命令を維持し，取消し，修正する権限」を「命令を維持し，修正し，取消す判決を下す権限」にと修正し，⑦「公判地は，他の訴訟と同様に，法律上の理由又は当事者の合意により，これを変更することができる」を挿入した．

(d) **下院審議**

1921年5月4日，下院は法案の審議を開始した．審議時間は，一度法案を審議したこともあって2時間に制限された．法案は，法案賛成派と反対派の間でどのように審議されたのであろうか，適用除外の根拠（必要性）等，第1条，第2条の内容に限って検討しよう．

（ア）適用除外の根拠（必要性）等

　法案の目的について，ヴォルステッド議員は，農民が，彼の農産物を処理する際，より良い取り扱いを確保するために隣人と結合すれば，シャーマン法に違反する共謀又は結合とされる．事業者は会社に彼らの金銭を投資することによって結合することができる．しかし農民たちが彼らの農場を同様の会社形態に結合することは不可能である．「この法案の目的は，企業に利用されている組織形態の利益を農民たちに利用できるよう，事業組織が現在準拠している法律を修正することである」と述べ［61 Cong. Rec. 1033（1921）］，結合すればシャーマン法違反とされる農民たちが，事業者たちと同じように組織形態を利用できるようにすることが法案の目的であると主張した．

　これに対してWalsh議員は，「この法案の効果は，農産物の生産者が彼らの商品のために独占を形成することを認めることであり，法案は商業活動をしている他の人々に適用される一般法の適用から彼らを除外するだろう」と述べ［61 Cong. Rec. 1034（1921）］，法案が一般法の適用を特定のクラスに除外するクラス立法であると批判した．

（イ）第2条の内容

　第2条を削除すべきだという意見が，賛成派，反対派双方から出されたことである．①賛成派のBlanton議員（民主党，テキサス）は，2条は削除されるべきである．農民たちは2条を求めていないが，2条があってさえ法案の採択を求めている．ある人にこの国の農民の利益を破壊する権限が与えられるので，2条は必ず農民たちを縛り上げると述べ［61 Cong. Rec. 1038（1921）］，また②Reavis議員（共和党，ネブラスカ）は，2条は絶対に不要である．農民たちの間での組織の難しさ，農産物の価格を拘束するために集まり，組織しようとすることの難しさは，むしろ2条を無用な規定にすると述べ［61 Cong. Rec. 1038（1921）］，それぞれ2条の削除を求めた．これに対して反対派の③Dominick議員（民主党，サウスカロライナ）は，農務長官に恣意的な権限を与える2条を削除する修正を申し出たいと述べ［61 Cong. Rec. 1037（1921）］，また④Sanders議員（共和党，インディアナ）は，2条

を削除すれば, 法案は違憲でなくなるかもしれないが, 2条は明らかに違憲なので, 裁判所は法全体を違憲にすると思うと述べ [61 Cong. Rec. 1038 (1921)], それぞれ2条の削除を求めた. ①③は農務長官の権限濫用を恐れ, ④はそれを違憲だといい, ②は無用な規定だという. Sumners 議員（民主党, テキサス）は, ヴォルステッドに2条なしで法案が上院を通るか尋ねたが, 彼は,「通らないし, そうすべきでない」と答えた [61 Cong. Rec. 1044 (1921)]. 2条は据え置きになった.

(e) **修正と採決**

5月4日, 下院は, 短時間の審議を終え, まず司法委員会の修正（「堅果」）を採択したのち, 修正を含めて法案を, 賛成295, 反対49, 出席1, 棄権84で採択した [61 Cong. Rec. 1046 (1921)].

(2) **上院における法案審議**

(a) **反トラスト法適用除外立法運動**

折しも1920年秋から深刻化する戦後農業不況を背景に, 1921年5月9日, 連邦議会にビューロー（AFBF）と結びついたファーム・ブロック（Farm Bloc）と呼ばれる農業に関する超党派議員連盟が結成された[44]. ファーム・ブロックの目的は,「行動の確保を目的とする連邦議会の優れた提案に対して徹底的且つ真剣に考慮を払う」ことであり, ①輸送, ②連邦準備法, ③商品金融, ④種々の農業法案の事項に関して, 4つの委員会が指定された. CV法案は④の事項で取り組まれることになった.

上院司法委員会が報告を提出してから上院が法案審議を開始（1922年2月2日）するまでの約半年間, 連邦議会の内外で, 法案賛成派と反対派が最後の戦いを繰り広げた. 反トラスト法適用除外立法運動の統一組織である農業組織全国会議（NBFO）は, 上院議員に対して上院司法委員会法案の問題点を宣伝した[45]. また1922年1月22〜27日, ウォーレス農務長官（Henry C. Wallace）が全国農業会議（National Agricultural Conference）を招集し（各

州の農業，産業，労働，州政府，教育組織，農業新聞などの代表336人が参加)，法案の制定を決議した[46]．全国農業大会の開催以降，都市の新聞の批判が弱まり，ファーム・ブロックの行動に対するコメントは同情的になった．全国農業大会は，CV法案採択の舞台を設定したのである．

(b) 上院司法委員会報告及び法案

　上院司法委員会は，7月27日，修正を加えて法案を採択する旨の勧告を付して上院に報告［S. Rep. No.236, 67th Con. 1st Sess. (1921)］を提出した．上院司法委員会法案は，下院法案の全文を削除し，新しい法文と置き換えるものであった．

　第1に第1条の活動要件であるが，下院法案の「州際及び外国通商において，組合員のかかる農産物を集団で加工し，販売の準備をし，取り扱い，販売する際に」が「州際及び外国通商においてそれに従事する者のかかる農産物を集団で取り扱い，販売するために，及びそのような販売のためにかかる農産物を加工又は準備をするために」に修正されたことである．修正の理由について報告は，下院法案では「州際及び外国通商において」が加工，販売の準備，取り扱い，販売を修飾するように読めるが，「販売の準備」はともかく「加工」は「州際及び外国通商において」と直接関係せず，後者が前者を修飾すると解すことはできないので，「取り扱い及び販売」と区別する必要があり，それゆえ「州際及び外国通商においてそれに従事する者のかかる農産物を集団で取り扱い，販売するときに，及びそのように販売のためにかかる農産物を加工又は準備をするときに」と修正する必要があるという．

　第2に員外利用制限であるが，下院法案が非組合員の員外利用を認めたので，上院司法委員会法案は「組合員のために取り扱われる農産物の価額を超える非組合員の農産物を取り扱ってはならない」という員外利用制限を設けたことである．報告は，員外利用が認められなければかなりの成功をもって組合を運営することができないと述べる一方，「組合が取り扱う農産物のうちの僅かな量しか彼らの農場から貢献していない法律で列挙された種類の少

数の人々に，法律の保護を与えるべきでない」と述べ，「法律の利益が享受されるよう」に員外利用制限を設けたと説明する．この点について Walsh 議員は，「下院法案は，農場を持ち，豚を飼育するスウィフト氏，アーマー氏，ウィルソン氏が，法案に基づき組合を組織し，彼らの生産物を販売し，また他の生産者から広く購入することを認めている．そこには弊害があり，その法律は容易に濫用される」と補足している［62 Cong. Rec. 2267（1922）］．要するに報告は，下院法案のように員外利用を認めると，少数の農場所有者が設立した組合が，組合員の僅かな農産物を取り扱う一方，非組合員の大量の農産物を扱うようになり，法律（適用除外）が濫用されるので，法律の利益を享受するために員外利用制限を設けたという．しかしこの説明では員外利用を認めると，どのような「弊害」が発生するのか必ずしも明らかでない（学説は員外利用が組合の営利的性格を強めるととらえている．後述）．

第3に2条の濫用規制であるが，上院司法委員会法案は下院法案2条の農務長官の排除措置命令を削除し，代わりに1条につぎの文言（以下「上院代案」という）を挿入したことである．

【上院代案】 この法律のいかなる規定も，独占の形成又は独占形成の企画を認め，又は通商における不公正な競争方法の理由により，1914年9月26日に承認された「連邦取引委員会を創設し，その権限と責務を定め，その他の目的のための法律」と題する法律に基づき開始された手続からこの法律に基づき設立された組合を除外するものと解してはならない．

本報告は2条を削除し，1条に上院代案を挿入した理由についてつぎのように説明している．すなわち通常，農産物，シリアル，綿，家畜などで独占を確立することは不可能であるが，限られた地域で有利に生産できる農産物や長距離輸送できないミルクのような腐敗しやすい生産物の場合，独占を確立することは可能である．大都市にミルクを供給する地域の全ミルク生産者に，消費者から法外な価格を取り立てるかもしれない独占力を有する単一組

織になることを認めることは，公共の利益にならない．下院法案2条は農務長官に監督権を与えることによって，独占の弊害を軽減することを目的としている．しかしこの規定は農務長官に何が不合理な（unreasonable）価格であるか決定する権限を与えているが，何が合理的（reasonable）な価格であるか決定する権限を与えていないので，州際通商法の経験によれば，この規定は全く価値がない．そこで「もしも競争が維持されるならば－すなわち，もしもいかなる独占もこの法律のもとで存在し得ないならば－規制規定（排除措置命令，筆者注）は不必要である」と述べ，「独占の形成及び独占形成の企画」を禁止し，連邦取引委員会法を適用するという上院代案の意義を説明した．

そこで「2条但書」及び「上院代案」に潜む危険性について検討しよう．2条但書（①「独占の形成及び独占形成の企画」の禁止 or ②クレイトン法の適用）と上院代案（③「独占の形成及び独占形成の企画」の禁止 or ④連邦委員会法の適用）を比べると，①③の「独占の形成又は独占形成の企画」は共通し，②クレイトン法と④連邦取引委員会法が異なる．

まず両者に共通する①③の「独占の形成又は独占形成の企画」であるが，類似した規定にシャーマン法2条の「独占し，独占を企画し」(monopolize, or attempt to monopolize) という規定がある[47]．松下満雄教授によれば，「独占の企画」とは，それ自体は未だに独占行為の域に達していないが，そのまま放置しておくと独占行為になると思われる行為であり，その行為が独占を達成する意図（特定意図）のもとになされ，かつその行為を放置すると独占行為に発展するという「危険の蓋然性」があれば，この行為が独占の企画として禁止の対象になるといい，先例としてスウィフト事件連邦最高裁判決 (196 U.S. 375 (1905)) があるという[48]．このようなシャーマン法2条の危険の蓋然性理論から推測すれば，「2条但書」「上院代案」は独占行為に達する以前に農民の結合（農協）を規制することができることを意味する．

つぎに②のクレイトン法及び④の連邦取引委員会法であるが，両者は独占行為又は競争制限行為が完全に成熟していない萌芽段階において予防的に規

制することを目的としており（萌芽理論, incipiency doctrine）[49]，「2条但書」「上院代案」は独占行為に達する以前に農民の結合（農協）を規制することができることを意味する．

それではなぜクレイトン法を連邦取引委員会法に代えたのであろうか．松下教授によれば，クレイトン法の違法要件が「競争を実質的に減殺することにより，又は独占を形成するおそれあるとき」（2条(a)項，3条，7条）であるのに対して，連邦取引委員会法5条（「通商における不公正な競争方法は，これを違法とする」）[50] には違法要件について明文の規定がないので[51]，連邦取引委員会法の方が適用範囲が広いというのである．すなわち両者とも萌芽理論によるが，連邦取引委員会法の方が，法案1条の適用除外をより骨抜きにできるということになる．

要するに「上院代案」には，危険の蓋然性理論（シャーマン法）又は萌芽理論（連邦委員会法）によって，法案1条の適用除外を骨抜きにする危険性が潜んでいるのである．

(c) 上院審議

上院は，2月2日から法案審議を開始した．法案は，法案賛成派と反対派の間でどのように審議されたのであろうか．適用除外の根拠（必要性）等，第1条，第2条の内容に限って検討しよう．

(ア) 適用除外の根拠（必要性）等

適用除外の根拠（必要性）であるが，Kellog議員は，「協同組合の主たる目的は，生産物の販売費用を引き下げ，農民が受け取るものと大衆が最終的に支払うものとの間の差額を減らすことを通じて，農民に合理的な価格を獲得させることである」と述べ［62 Cong. Rec. 2048-2049（1922）］，組合が農民にとっても消費者にとっても必要であると主張した．またカッパー議員は，「法案の目的は，すでに会社が享受しているのと同じ団体交渉の権利を農民に与えることである」と述べ［62 Cong. Rec. 2057（1922）］，集団交渉する権利の農民への平等付与を求めた．

これに対して King 議員は,「法案が制定されれば, 合衆国のあらゆる違法な結合がその法律によって励まされ, それらの上に置かれていた法の重い手を恐れずに略奪を続けるだろう」と述べ [62 Cong. Rec. 2223 (1922)], 組合独占の弊害を指摘した.

(イ) 第1条の内容

　第1に組合員要件であるが,「農産物の生産に従事する者」の範囲が議論されたことが重要である. ① Cummins 議員（共和党, アイオア, 司法委員）が「『農民, 農場主, 牧場主, 酪農民, 果実又は青果生産者として』という文言は, 農産物の生産に従事できる他のすべての者を排除するために使われているのか, それとも例示に過ぎないのか」と質問したのに対して [62 Cong. Rec. 2052 (1922)], Kellog 議員は,「例示であり,『農民』という文言はそれらすべてを含む」と回答した. また② Cummins 議員が, 製粉所や缶詰業者は広い意味で農産物の生産に従事しているが,「この法案が与える特権を彼らに与えないつもりか」と質問したのに対して [62 Cong. Rec. 2052 (1922)], Kellog 議員は,「与えない, 法案は, 農民, すなわちすべての種類の農産物を生産する人々を含むものであり, 念のため例示が加えられた」と回答した. また③ Walsh 議員は,「法案によって承認される組織は, 農産物の生産者自身の組織でなければならない……法案は, 自らミルクを生産していないコンデンス・ミルクの生産者の結合を排除する」と述べた [62 Cong. Rec. 2156 (1922)].

　以上の発言によれば, ①1条の文言は, 具体的に列挙されたものだけでなく, 農産物の生産者すべてを含むよう広く解釈されるべきこと, ②1条の文言は, 穀物を栽培し, 動物を飼育する人々のみを指し, 農民によって所有されず, 支配されない加工業者を保護するものでないこと, ③非生産者である加工業者が集団活動に参加すれば, 法案の保護は奪われることを示唆するものであった[52].

　第2に活動要件であるが, 非組合員の員外利用に制限を設けた理由について Walsh は,「アーマー氏, スウィフト氏, ウィルソン氏がすべて農民であ

れば，この規定により組織し，彼らの農場の農産物を取り扱い，さらに同じ生産物を無制限に取り扱うことができる」ので，修正案は，組合が組合員の農産物の価額を超える非組合員の農産物を扱ってはならないと提案していると述べた [62 Cong. Rec. 2267 (1922)]．員外利用を無制限に認めるとどのような弊害が発生するのか明らかではないが，組合の営利化を防止するために設けたのではなかろうか．

第3に1条に挿入された上院代案であるが，Walsh は，下院法案と上院司法委員会法案の唯一の違いは，「法案が言及する生産物について独占の形成又は独占形成の企画を承認するかどうか」であり，上院司法委員会は，「それを承認しない」と述べ [62 Cong. Rec. 2122 (1922)]，その趣旨が独占形成の企画の禁止にあることを明らかにした．また Lenroot 議員は，「上院代案」が制定されれば，農民の組合が存在し，その目的の1つ又は必要な結果の1つが，彼らの間の競争を排除し，生産物に対する価格を有利にすることであれば，「裁判所はかかる組合の目的が，独占の企画であり，上院代案の有罪の範囲内にあると判示するだろう」と述べ [62 Cong. Rec. 2225-2226 (1922)]，「上院代案」のねらいが「独占の企画」にあることを明らかにした．これに対してカッパーは，連邦議会が1条において「あなたは結合することができる」といい，上院代案において「あなたは結合することができない」というべきではない．「この但書（上院代案，筆者注）はこの法律を無効にする．活動する地域の一定の商品の実質的部分を支配せず，取り扱わない組合は，効率的に運営することができないからである」と述べ [62 Cong. Rec. 2058 (1922)]，「上院代案」の危険性を指摘した．これらの発言は，「上院代案」が，取引を制限する農民の結合（農協）が，不合理な制限ではないとする第1条の立法宣言を無意味にすることを警戒した発言ということができる．

(ウ) **第2条の内容**

第1に組合の監督機関であるが，Kellog 議員は，「農務長官以上にこの問題を取り扱うのにふさわしい公務員を知らない」．彼は農務省内に市場課をもち，生産費用，販売費用，公衆の支払い額を管理し，統計をもっているの

で，政府の他の機関よりも，組合が独占として取引を制限し，不当に価格を引き上げたかどうかよりよく決定することができると述べ [62 Cong. Rec. 2049 (1922)]，農務長官の適格性を主張した．

　第 2 に排除措置命令の対象であるが，Walsh 議員は，価格が不当に引き上げられたといえる程度にまで組合が独占するときは，農務長官は，組合に「それを」，すなわち価格の引き上げでなく，独占を止めることを指示し，また独占でなく取引制限が存在し，その結果，価格が引き上げられていると農務長官が認定するときは，「それを」，すなわち取引制限を止めるよう指示しなければならないと指摘した [62 Cong. Rec. 2166 (1922)]．すなわち農務長官は，価格の引き上げでなく，その原因となる独占や取引制限を中止するよう命令するのである．

(d) 修正と採決

　1922 年 2 月 8 日，多くの修正案が上院に提出され，審議され，採択又は否決された[53]．最後に上院司法委員会法案が審議された [62 Cong. Rec. 2281 (1922)]．採決に先立って Walsh 議員は，上院代案を否決し，下院法案を採択することは，大都市におけるミルク独占の形成の禁止を取り除くことになり，その有効性が最も重要な問題になる法案 2 条に規定されたものを除き，消費者から法外な価格を取り立てる方法で行うことを阻止するものがないことを十分理解して欲しいと述べた [62 Cong. Rec. 2279 (1922)]．危険な「上院代案」を含む上院司法委員会法案は，賛成 5 (Gerry, Walsh を含む)，反対 56，棄権 35 の反対多数で否決された [62 Cong. Rec. 2281 (1922)]．上院司法委員会法案が否決された後，先に採択された修正案を含む下院法案が採決に付され，賛成 58，反対 1 (Gerry)，棄権 37 (Walsh を含む) で採択された [62 Cong. Rec. 2282 (1922)]．上院法案は下院に付託され，2 月 11 日，下院は上院法案を賛成 276，反対 8，出席 1，棄権 145 で採択した [62 Cong. Rec. 2455 (1922)]．2 月 18 日，ハーディング大統領が法案に署名した．

6 カッパー=ヴォルステッド法制定の意義

(1) 小括

以上，農民運動の2つの課題のうち，反トラスト法適用除外立法制定の課題（議会）を取り上げ，CV法の目的，適用除外の根拠（必要性），適用除外の範囲などについて連邦議会の審議を検討してきた．改めて連邦議会の審議を振り返り，立法者意思を確認しておこう．

第1に本法の目的であるが，農産物の生産者が組合を設立することを承認することである．

第2に適用除外の根拠であるが，①農民は農産物の販売に際して，取引の相手方に農産物の価格を決められるという「不公正な条件」のもとにあり，「公正な価格」を求めて集団交渉すれば反トラスト法訴追される，②この法案は農民に農産物を購入する人々と「公正な機会」「対等な立場（equal footing）で販売する機会」を与えるため，農民に会社と同様に「組合を設立することを認め」「組合を設立する権利」「州際及び外国との通商で活動する権利」を付与する，③これは組合に会社と同様の特権を与えるものであって，特権の平等化（equalize）であり，クラス立法ではない，④組合は価格を抑制し，食料投機を防止し，無用な中間商人を排除するのに「役立っている」．また第2条は農務長官に「組合が公衆を搾取することを防止する権限」を与えるものである．

これに対して法案反対派が連邦議会において行った批判は，主として①法案は農民に特権を与えるクラス立法であること，②法案は組合にミルク・トラストなど独占形成を認め，消費者の生活費を高めること，③法案は農民の守護天使である農務長官に規制権限を独占させており，有効な規制ができないことなどであった．これに対して下院司法委員会報告は，第1に農民に組合を設立する権利を与えると構成（権利付与構成）し，組合に会社と同じ特権を付与し，権利を平等にする（権利平等構成）と主張することによって，

クラス立法批判に対抗し，第2に組合は中間商人を排除し，高い生活費を抑制し，消費者にも役立つという組合の公共性を主張することによって，当然違法批判に対抗し，第3に万一，組合独占が公衆を搾取したときは，第2条の排除措置命令で規制できると主張することによって，組合独占批判に対抗するものであった．

　第3に適用除外の範囲であるが，本法は詳細な活動要件（農産物の集団での加工・販売準備・取り扱い・販売，共同の販売機関の所有，目的達成のための組合と組合員との契約・協定の締結，員外利用の50％制限）を定めていることである．このような適用除外の範囲を縮小しようとしたのが上院司法委員会の2条但書（H.R. 13931）であり，1条代案（H.R. 2373）であった．すなわち2条但書の前半，1条代案の前半はシャーマン法2条の危険の蓋然性論によって農民の結合（農協）に対する法案1条の適用除外を骨抜きにするおそれがあり，また2条但書の後半，1条代案の後半はクレイトン法又は連邦取引委員会法の萌芽理論によって，農民の結合（農協）に対する法案1条の適用除外を骨抜きにするおそれがあった．1922年，上院は反対多数で上院代案を含む上院司法委員会法案（H.R. 2373）を否決した．上院代案の否決によって，連邦議会の立法者意思には，CV法1条の適用除外の範囲には，危険な蓋然性理論や萌芽理論が含まれないと考えられる．

　最後に1条，2条の立法者意思を確認しておこう．第1条の目的は，非農民の排除，非相互扶助組織の排除である．組合員要件では，自ら農産物を生産しない製粉所，缶詰業者，コンデンスミルクの生産者は，農産物の生産者に含まれない．活動要件では，員外利用と員外利用の制限が設けられた．員外利用を認めた理由は，組合の経営安定のためであり，員外利用制限を設けた理由は，法律の利益（適用除外）を享受するためである．協同組合要件では，出資利子制限8％が，利用高配当の確保と出資金の確保のバランスで定められた．報告は1人1議決権と出資利子制限が選択制になった理由について説明していない．カリフォルニア法など複数議決権を認める州協同組合法に配慮したためであろう．

第2条は，組合が公衆を搾取することを防止する権限を農務長官に与えている．農務長官を監督機関にした理由は，農務省に市場課を持ち，市場に詳しいからである．排除措置命令の対象は，価格の引き上げではなく，独占及び取引の制限である．

(2) カッパー＝ヴォルステッド法制定の意義

それでは改めてCV法制定の意義を確認しよう．第1に本法は組織要件に出資組合を加え，活動要件を詳細に定めることによって，クレイトン法6条の欠陥を克服したことである．

第2に本法の制定は農民の強力な反トラスト法適用除外立法運動により獲得されたものであり，農民に会社と同じように「組合を設立することを認め」「組合を設立する権利」「州際及び外国との通商で活動する権利」を付与したところから，「協同組合のマグナ・カルタ」(The Magna Carta of Cooperation) といわれていることである．

第3に本法による農協の反トラスト法上の地位であるが，合理の原則によって取引を制限する農民の結合が不合理な制限とはみなされず，反トラスト法に違反しないことを立法化，立法宣言したことである．それでは合理の原則の立法宣言はどのような効果をもつのであろうか．セイント・シュアによれば「カッパー＝ヴォルステッド法に含まれた立法宣言が，農民によって行われる制限が不合理でないことを裁判所に確信させるのに説得力をもつ」からである[54]．

第4に本法は州をこえる農協間の取引を可能にし，広域農協設立の法制的基盤を与えたことである．

以上のように本法制定によって，農民運動の第1の課題（適用除外立法の制定）は解決された．

注
1) 馬場宏二『アメリカ農業問題の発生』317頁（東京大学出版会，1969）．
2) 川野重任『協同組合事典』（家の光協会，新版，1986）182頁の表による．販売

農協とは販売高が全事業高の 50％以上を占めるものを，購買農協とは購買高が全事業高の 50％以上を占めるものをいう．
3) 足羽進三郎『農業協同組合の研究』130 頁（北海道大学図書刊行会，1976）．
4) たとえば California Fruit Growers Exchange は 61.5％（1913 年）から 72.5％（1921 年）へ，California Associated Raisin Company は 89.7％（1913 年）から 86％（1919-1921 年）へ，American Cranberry Exchange は 56.0％（1917 年）から 66.0％（1921 年）へとほぼ拡大した．DONALD FREDERICK, ANTITRUST STATUS OF FARMER COOPERATIVES : The Story of the Capper-Volstead Act 59-60 (CIR No.59, Dep't of Agriculture, 1989)．
5) 以下の記述はつぎの文献を参照した．EDWIN NOURSE, THE LEGAL STATUS OF AGRICULTURAL CO-OPERATION 93-99 (1927) ; JOSEHP KNAPP, THE RISE OF AMERICAN COOPERATIVE ENTERPRISE 1620-1920, at 170-175 (1969).
6) NOURSE, supra note 5, at 46, n.23 ; HENRY BAKKEN & MARVIN SHAARS, THE ECONOMICS OF COOPERATIVE MARKETING 272 (1937)．ウィスコンシン法は 1913 年ミシガン法，1913 年サウスダコタ法，1913 年ワシントン法，1913 年マサチューセッツ法，1913 年ニューヨーク法，1914 年バージニア法，1915 年アイオワ法，1915 年ワイオミング法，1915 年ノースカロライナ法，1915 年サウスカロライナ法，1915 年オレゴン法，1916 年ロードアイランド法，1918 年オクラホマ法に採用された．
7) NOURSE, supra note 5, at 48．ネブラスカ法は，1913 年インディアナ法，1913 年ノースダコタ法，1917 年フロリダ法に採用された．
8) NOURSE, supra note 5, at 58.
9) NOURSE, supra note 5, at 65, n.15．カリフォルニア法は 1909 年フロリダ法，1915 年ニューメキシコ法，1915 年コロラド法，1921 年ネバダ法に採用された．但し BAKKEN & SHAARS, supra note 6, at 276 は 8 州という．
10) NOURSE, supra note 5, at 233-235 ; L.S. HULBERT, LEGAL PHASES OF COOPERATIVE ASSOCIATIONS 39 (Bull. No.1106, Dep't of Agriculture, 1922).
11) 刑法典「法人であるか否かを問わず，組合員又は出資者によって生産された農場，果樹園又は酪農の生産物を，組合員又は出資者のために集団で販売する家畜飼育者及び果実生産者を含む農民，造園業者，酪農民の組合は，共謀ではない．集団で販売し，それらの条件を定めるかかる組合，組合員，執行役員又は理事によってなされたこれまでの又は今後の契約，協定，取極め又は結合は，共謀ではなく，それらは取引又は通商を侵害するものと解してはならない」．ドネリー法「この章の規定は，法人であるか否かを問わず，家畜飼育者，果実生産者を含む農民，造園業者又は酪農民の協同組合，又はかかる組合によって締結された契約，協定，取極め又は真の労働組合には適用しない」（340 条 3 号）．NOURSE, supra note 5, at 235.

12) Laws of Ohaio, 1921 p50;NOURSE, supra note 5, at 236-239.
13) R.H. ELTHWORTH, THE STORY OF FARMERS' COOERATIVES 15 (Farm Credit Organization, 1939);NOURSE, supra note 5, at 76.
14) Suggestions for a State Co-operative Law Designed to Conform to Section 6 of the Clayton Act, Service and Regulatory Announcement, No.20, February 7, 1917;NOURSE, supra note 5, at 457, app. C. なお以下の記述はつぎの文献によった。JOHN HANNA, THE LAW OF COOPERATIVE MARKETING ASSOCIATION 40 (1931);NOURSE, supra note 5, at 78;BAKKEN & SCAARS, supra note 6, at 281.
15) HANNA, supra note 14, at 40;NOURSE, supra note 5, at 78;BAKKEN & SCAARS, supra note 6, at 281.
16) 邦訳は高瀬雅男「農務省協同組合法案 (1917年)」行政社会論集21巻4号223頁以下 (2009)。
17) FREDERICK, supra note 4, at 87.
18) FREDERICK, supra note 4, at 87;NOURSE, supra note 5, at 249-250.
19) MARTIN A. ABRAHAMSEN, COOPERATIVE PRINCIPLES AND LEGAL FOUNDATION 20 (CIR No.1, Section 1, Dep't of Agriculture, 1977, reprint. 1993).
20) NOURSE, supra note 5, at 249.
21) 以下の記述はつぎの文献を参照した。FREDERICK, supra note 4, at 63-67;KNAPP, supra note 5, at 294-99;HULBERT, supra note 10, at 42-43.
22) 1850-1946年、弁護士。酪農民連盟の顧問弁護士及び副会長としてカッパー＝ヴォルステッド法制定のために戦った。http://heroes.coop/inductees/miller.html
23) JOSEPH G. KNAPP, HISTORY AND PERSPECTIVES STRUCTURE UNDER THE CAPPER-VOLSTEAD ACT AND THE CLAYTON AMENDMENT, in Proceedings of the National Symposium on Cooperatives and the Law, at 14 (Univ. Center for Cooperatives, Univ. of Wisconsin-Extension, 1974).
24) 1865-1951年、ジャーナリスト・出版経営者。カンザス州立農業大学評議員、カンザス州知事を務めた。1918年、第66連邦議会の上院議員に当選し、83歳になるまで上院議員を務めた。http://www.kshs.org.research/collections/documents/personalpapers/findings/capper_arther.
25) 1872-1954年、銀行経営者。第66連邦議会の下院議員に当選し、1期務めた。http://bioguide.congress.gov/scripts/biodisplay.pl?index.
26) 66th Cong. 1st Sess. S. 845, IN THE SENATE OF THE UNITED STATES (1919);66th Cong. 1st Sess. H.R. 7783, IN THE SENATE OF THE UNITED STATES (1919);Collective Bargaining for Farmers, Hearing before the Committee on the Judiciary, House of Representatives, 66th Cong. 1st Sess. on H.R. 7783 (1919);Labour, Agriculture, Dairy, and Horticulture Organization,

Hearing before a Subcomm. on the Judiciary, United States Sanate, 66th Cong. 1st Sess., on S. 845（1920）より作成した.

27) 邦訳は高瀬雅男「カッパー＝ハースマン法案（1919年）」行政社会論集21巻1号140頁以下（2008年）を参照のこと．

28) Labour, Agriculture, Dairy, and Horticulture Organization, Hearing before a Subcommittee on the Judiciary, United States Sanate, 66th Cong. 1st Sess., on S. 845（1920）. なおミラー，カッパー，ハースマンの公述の詳細は，高瀬・前掲注27) 143-151 頁（2008）を参照のこと．

29) Labour, Agriculture, Dairy, and Horticulture Organization, supra note 28, at 144-148.

30) Collective Bargaining for Farmers, Hearing before the Committee on the Judiciary, House of Representatives, 66th Cong. 1st Sess. on H.R. 7783（1919）.

31) KNAPP, supra note 23, at 15.

32) 59 Cong. Rec. 6553, 6671, 8033, 7851, 8040-41, 8051, 8345（1920）; H.R. Rep. No.939, 66th Cong. 2[d] Sess.（1920）; S. Rep. No.655, 66th Cong. 2[d] Sess.（1920）より作成した．

33) 60 Cong. Rec. 311, 377, 571（1920）より作成した．

34) 1895年，第1回ロンドン大会で設立されたICAは，次のような検討を経て1937年第15回パリ大会において協同組合原則を確定した．1907年第7回クレナモ大会で「ロッチデール公正開拓者組合の原則」（低価格良質商品の販売，購買高配当，利潤の一部の教育・連帯への充当）という言葉が登場した．1910年第8回ハンブルク大会は，新定款を採択したが，協同組合の目的や特質に関する規定はなかった．1913年第9回グラスゴー大会は，戦争前夜で平和決議を行った．第1次大戦後開かれた1921年第10回バーゼル大会は，ICAの目的（現時の競争的私企業制度の公共の利益のために組織され相互自助に基づく協同組合システムへの転換，1条）とICAの加盟要件（①ロッチデール原則（議決権平等，出資利子制限，剰余金の購買高に比例した配当・共同基金繰入・教育連帯事業への充当）に合致する消費組合，及び②相互自助（mutual self-help）に基づく事業の推進により組合員の社会的経済的改善を目的としICA定款・大会決議を遵守するその他の組合，8条）を明記した新定款を採択した画期的な大会であった．その後，ICAは協同組合原則の検討を重ね，1937年パリ大会で採択した．全国農業協同組合中央会ほか「国際協同組合同盟の成り立ちと新しい協同組合原則が決まるまで」『協同組合原則とその解明』96頁以下（協同組合経営研究所，改訂版，1989），中川雄一郎「ICA原則の成立と変遷」協同組合基礎理論研究シリーズ第45集10頁以下（農林中金総合研究所，1994），堀越芳昭「1937年ICA原則の成立とICA定款の展開」農協基礎研究17号3頁以下（中央協同組合学園，1997）．なお1913年グラスゴー大会時点において米国のICA会員は次の4組合であった．Right Relationship League（Minneapolis），Co-operative League（New York），Pacific

第4章　農協とカッパー＝ヴォルステッド法　　　101

　　　Cooperator (San Francisco), Rochdale Wholesale Company (San Francisco). REPORT OF THE Proceedings of the Ninth Congress of the International Cooperative Alliance, Ⅵ, Grasgow (1913).
35)　FREDERICK, supra note 4, at 99.
36)　なお修正された法案は次の資料で見ることができる．60 Cong. Rec. 376 (1920); Authorizing Association of Producers of Agricultural Products, Hearing on H.R. 2373 Before a Subcomm. of the Senate Comm. on the Judiciary, 67th Cong. 1st Sess. at 6-7 (1921).
37)　第66連邦議会上院の臨時議長としてかなり権力を振ったという．FREDERICK, supra note 4, at 103, n.259.
38)　FREDERICK, supra note 4, at 108.
39)　FREDERICK, supra note 4, at 108
40)　61 Cong. Rec. 98, 424, 1046, 1058, 4332 (1921); H.R. Rep. No.24, 67th Cong. 1st Sess. (1921); S. Rep. No.236, 67th Cong. 1st Sess. (1921) より作成した．
41)　62 Cong. Rec. 2048, 2281, 2282, 2455, 3172 (1922) より作成した．
42)　FREDERICK, supra note 4, at 113.
43)　60 Cong. Rec. 370 (1920). FREDERICK, supra note 4, at 109.
44)　1921年5月9日，ケニョン上院議員（W.S. Kenyon, アイオワ）の呼びかけで，ビューロー（AFBF）のワシントン事務所に，状況が深刻な主な大農業地帯である中西部及び南部の共和党，民主党の上院議員12人が出席し，会合が開かれた．その後10人の上院議員が加わった．会合はケニョンの事務所で時々開かれた．なお同様の運動が下院でも始まった．主要な農業地帯の下院議員が組織されたが，上院ほど徹底して確立せず，また効果的に機能しなかった．しかし農業問題は通常，上院よりも下院においてより配慮された．ARTHUR CAPPER, THE AGRICULTURAL BLOC 9-12, 159 (1922).
45)　KNAPP, supra note 23, at 17.
46)　以下の記述はつぎの文献を参照した．KNAPP, supra note 23, at 18-19; JOSEPH KNAPP, ADVANCE OF AMERICAN COOPERATIVE ENTERPRISE: 1920-1945, at 22-24 (1973); CAPPER, supra note 44, at 135.
47)　シャーマン法2条「数州間又は外国との通商のいずれかの部分を独占し，独占を企画し，又は独占するために他の者と結合又は共謀する者は，軽罪を犯したものとする」．
48)　松下満雄『アメリカ独占禁止法』98-99頁（東京大学出版会，1982）．なお近年，独占の企画は，被告が①独占への特定意図と②独占力を獲得する危険な蓋然性をもった③略奪的又は反競争的行為に従事していることを立証する必要があるといわれている．JONATHAN JACOBSON, I ANTITRUSUT LAW DEVELOPMENTS 306 (2007). なおスウィフト事件とは，全国の主要な食肉業者が，価格を拘束し，統一信用条件を定め，鉄道の差別運賃を確保するために結合したこと

が，取引を制限する違法な結合にあたるとして司法省が差止を求めて提訴し，認容された.
49) 松下・前掲注48) 22頁.
50) 松下・前掲注48) 22頁.
51) Federal Trade Commission Act, ch. 311, 38 Stat. 717 (1914).
52) FREDERICK, supra note 4, at 117, 122.
53) 修正案の採否の詳細については，高瀬雅男「カッパー＝ヴォルステッド法 (2完)」行政社会論集23巻2号32頁注142) (2010) を参照のこと.
54) JOSEPH PAUL ST. SURE, RECENT DEVELOPMENT IN THE LAW OF RESTRAINT OF TRADE WITH PARTICULAR REFERENCE TO FARMERS' COOPERATIVE MARKETING ASSOCIATIONS UNDER THE CAPPER-VOLSTEAD ACT 106 (1924) (unpublished J.D. theses, University of California, on file with Berkeley Library).

第5章　農協と合憲性の獲得

1　はじめに

　本章は，農民運動の第2の課題（合憲性の獲得）を取り上げ，州反トラスト法適用除外立法がどのようにして合憲性を獲得したのか（裁判所）を明らかにとともに，1947年に日本独禁法24条が継受することとなるアメリカ反トラスト法適用除外立法の到達点を明らかにすることを課題とする．

　州反トラスト法適用除外立法を違憲と判示したのは1902年のコノリー事件連邦最高裁判決であった．それではこの違憲判決がどのようにして覆され，適用除外立法の合憲性が獲得されたのであろうか．この問題を解明するためには，商品作物販売運動の発展と標準法の普及について検討する必要がある．

　ところで1920年代の農民運動は主として農業不況への対応をめぐり，①商品作物販売運動（Commodity Marketing Movement），②マクネアリー＝ハウゲン運動（McNary-Haugen Movement），③主流協同組合運動（Main Line Cooperative Movement）に分かれる．①とは農業不況の中で，農作物価格を支配することができる独占的な商品作物販売組合（monopolistic commodity marketing cooperative）の設立をめざす農民運動をいう[1]．②とは国内で消費する農産物に公正な交換価格を保障し，余剰農産物は国際価格で販売するという農産物の二重価格制を求める農民運動をいう．③とは商品作物販売運動への対抗として，地域組合の連合会化によって大規模販売農協の設立をめざす農民運動をいう．3つの運動のうちで合憲性の獲得に密接にかかわるのが

①商品作物販売運動とその運動を法的に支える標準法の普及であった.

2 標準法の普及と公共政策の変更

(1) 商品作物販売運動

商品作物販売運動は，1914年，カリフォルニアにおいてワインストック (Colonel Weinstock, カリフォルニア州市場責任者)[2] と弁護士サピロ（Aaron Leland Sapiro)[3] によって開始された．1921年，ワインストックが退任すると，サピロは全国に向けてビューロー（AFBF）と共同で商品作物販売運動と標準法の普及に乗り出した．サピロの商品作物販売運動論の要点は，つぎの通りである[4]．

第1に組合の組織原理であるが，地域（locality）ではなく，商品作物 (commodity) を基準にする．全国的な商品作物をもつ組合は，商品作物基準で連合化する．組合は1つの商品作物又は関連する商品作物のみ取り扱う．

第2に組合員資格であるが，組合が取り扱う商品作物の生産者に限られる．また組合は組合員の商品作物のみ取り扱い，員外利用は認めない．

第3に組合運営であるが，1人1議決権による完全な民主的支配が行われる．理事は地域ごとに選ばれる．

第4に販売契約であるが，組合は組合員（生産者）と収穫物の組合への引き渡しを定める執行可能な契約を締結する．契約期間は発足時において3～7年の長期でなければならない．契約には合算制（pooling），契約違反に対する損害賠償額の予定，差止請求，特定履行などの条項が含まれる．

サピロは1922年4月，ビューローの協同組合販売顧問（Cooperative Marketing Counsel）に就任し，ビューローと共同して各州に商品作物販売運動と標準法の普及に取り組んだ[5]．そしてこの運動を全国に普及するために販売農協全国評議会（National Council of Farmers' Cooperative Marketing Associations）が設立された（1922-26年，議長ビンガム，事務局長ペティー）．この運動によって，United States Grain Growers, Inc.（穀物，

1921 年), National Livestock Producers Association (家畜, 1921 年), American Cotton Growers Exchange (棉花, 1921 年), Federated Fruit and Vegetable Growers', Inc. (果実野菜, 1923 年) などの大規模農協が設立された[6]. それらの一部は成功したが, 他の一部は間もなく経営に行き詰まった. 商品作物販売運動は 1924 年に頂点に達したが, マクネアリー＝ハウゲン法案に反対するサピロ, ビンガム[7]と法案を支持するペティーとの間の対立及び販売農協全国評議会の解散 (1926 年) によって重要性を失い, ビューローの関心はマクネアリー＝ハウゲン運動に移っていった[8].

サピロが指導した商品作物販売運動の意義について, ナップは失敗というよりも偉大な実験であり, それは合衆国及び外国における協同組合販売 (cooperative marketing) の理論と実践に明らかな影響を残したと評価している[9]. それではこの運動と並行して取り組まれた標準販売協同組合法 (standard cooperative marketing act, 以下「標準法」という) の普及は, 各州の州協同組合法にどのような影響を与え, 州反トラスト法適用除外立法の合憲性の獲得にどのように貢献をしたのであろうか.

(2) 標準法の普及

弁護士サピロは, 現行協同組合法の不備は農務省協同組合法案 (THE DEPARTMENT OF AGRICULTURE CO-OPERATIVE BILL, 1917 年) の普及によっては改善されないと確信し, 1919 年, 他の州で制定された法律よりもさらに明確かつ詳細なモデル法案を起草し, 各州への普及に取り組んだ. 従来, 各州は独自の州協同組合法を制定していたが, 徐々に標準法を採択するようになった.

これらの標準法のうち, 特に 1922 年に制定されたケンタッキー法 (ビンガム判事がサピロ法案を参考に作成したところからビンガム法と呼ばれている) は従来の標準法の事例を乗り越える改善が見られ, また憲法上の攻撃を乗り越えて合憲性を獲得 (リバティー倉庫事件連邦最高裁判決, 1928 年) したところから, 標準法の典型といわれている[10].

それでは日本農協法も参照したといわれるケンタッキー法は，どのような特徴をもっていたのであろうか．ケンタッキー法は，政策宣言（1条），組織要件（3条，非営利，非出資，出資），協同組合要件（14条，1人1議決権），組合員要件（7条，農産物の生産者），販売契約（17条，排他的販売契約の締結，契約期間10年以下），契約違反の救済（18条，損害賠償額の予定，差止，特定履行），第三者による契約履行の勧誘の禁止（26条，100～1,000ドルの罰金，500ドルの違約金），契約に違反して生産物の引き渡しを奨励した倉庫業者の責任（27条，500ドルの損害賠償，差止），反トラスト法適用除外（28条）などの規定から構成されていた．このうち重要なのは政策宣言（1条）及び排他的販売契約と契約違反に対する救済規定（17，18，26，27条）である．

第1に政策宣言であるが，1条は農産物の理性的な秩序ある販売の奨励，投機と浪費の排除，効率化するための生産者と消費者間の配給の直接化，取引の安定化のために本法を制定したと立法目的を宣言している．すなわち政策宣言は，①組合員の相互扶助（秩序ある販売）の奨励及び②農協の公共性（投機と浪費の排除，生産者の消費者への直接配給，取引の安定化）の確保を州の政策として宣言している．問題はこのような政策宣言をすることの意味である．ハンナはケンタッキー法について，農業の特別な条件ゆえに農業を支援するという州議会の政策宣言は，これまで協同組合の権利，特権及び権限を厳格に解釈してきた裁判所に対して，協同組合の特権の解釈をより寛大にするように命じていると指摘する．その理由として，コロラド最高裁が，標準法の採用以前には組合員が農協の競争者に穀物を販売する場合，1ブッシェルごとに1セントの支払いを要求する附属定款の規定を無効と解したのに対して，同じ裁判所が標準法の制定後の事件において，販売契約違反のおそれのある組合員に対する差止命令を，組合のために認容したことをあげている[11]．つまり政策宣言の意義は，裁判所の判断の変更（協同組合の特権に関する厳格な解釈から寛大な解釈への変更）を促すことにあった．

第2は排他的販売契約（組合員がその農産物の全部又は一部を組合に販売

する契約）及び契約違反に対する救済規定である．17条は組合と組合員との排他的販売契約の締結を認め，契約期間を10年以下と定めている．そして18条は契約違反に対する救済措置として損害賠償額の予定（契約当事者が予め相手方の契約違反の場合の損害賠償額を約定すること），差止（衡平法上の救済手続であって，被告に一定の行為をなすことを禁じたり，すでに生じた違法状態の排除のために一定の作為を命じる裁判所の命令）及び特定履行（契約違反に対し，債務を約束された形そのままで履行することを強制する衡平法上の手続）を定めている．さらに26条は第三者による契約違反の勧誘の禁止（罰金100～1,000ドル及び違約金500ドルの支払い），27条は契約に違反して生産物の引き渡しを奨励した倉庫業者の責任（損害賠償500ドル）について定めており，排他的販売契約を手厚く保護していることが窺える．さらに28条は，組合や販売契約に対する反トラスト法適用除外を定めている．要するにケンタッキー法は，商品作物販売運動を法的に支えるため，政策宣言によって裁判所に判断の変更を促し，排他的販売契約を手厚く保護するよう構成された販売協同組合法なのである．ただし各州の標準法は，各州の事情により内容が均一ではないことに留意しなければならない．

【資料3】標準法の制定状況

標　準　法	非標準法
1921年（アラバマ，アリゾナ，アーカンソー，ジョージア，アイダホ，カンザス，モンタナ，ノースカロライナ，ノースダコタ，オレゴン，サウスカロライナ，テキサス，ワシントン），1922年（ケンタッキー，ルイジアナ，メリーランド，ミシシッピー，バージニア），1923年（カリフォルニア，コロラド，フロリダ，イリノイ，メイン，ミネソタ，ミズーリ，オハイオ，オクラホマ，サウスダコタ，テネシー，ユタ，ウエストバージニア，ワイオミング），1924年（ニュージャージー，ニューヨーク），1925年（インディアナ，ネブラスカ，ニューハンプシャー，ニューメキシコ）（プエルトリコ），1928年（ロードアイランド）	1919年（ペンシルベニア），1921年（アイオワ，ミシガン，ネバダ，ウィスコンシン），1923年（コネチカット，マサチューセッツ）
	一般会社法
	デラウェア，バーモント

（出典）JOHN HANNA, THE LAW OF COOPERATIVE MARKETING ASSOCIATIONS 112-175 (1931)より作成．

ハンナによれば，標準法は【資料3】にみられるように，1921年から1928年にかけて48州のうち39州とプエルトリコで制定された[12]．全州の約80％に当たる39州が標準法を制定し，協同組合に関する公共政策を変更したのである．それでは各州の公共政策の変更が，各州の裁判所の判断にどのような影響を与えたのであろうか．標準法が手厚く保護しようとした排他的販売契約に関する各州裁判所の判決を検討しよう．

3 排他的販売契約に関する判決

(1) 判決の類型

標準法制定以前（州協同組合法の段階）から各州の農協は排他的販売契約を用いており，ときとして契約に違反した組合員に対して損害賠償，差止，特定履行を求めて州裁判所に提訴することがあった．また第三者が農協に対して差止等を求めて提訴することもあった．さらに標準法制定以降，各州の農協は排他的販売契約に違反した組合員に対して積極的に損害賠償等を求めて提訴するようになった．かくして各州裁判所において排他的販売契約に関する判決が，多数形成されることになった．

【資料4】は，1900年代から1920年代までの排他的販売契約に関する州最高裁の判決を整理したものである．これらの判決は当時の論文や判決でよく引用されているものであり，全部ではないが，かなりの部分を網羅しており，当時の判決の動向を把握するのに十分である[13]．

第1に組合が組合員に対して損害賠償等を請求した事件の判決(A)である

【資料4】排他的販売契約に関する判決の類型（数字は判決の件数）

請　求　類　型	組合敗訴		組合勝訴	
A 組合が組合員に請求（損害賠償，差止，特定履行）	非標準法	3	非標準法	11
			根拠法不明	6
			標準法	16
B 第三者が組合に請求（差止）	非標準法	1		0

が，合計36件ある．うち組合が敗訴した判決が3件あるが，いずれも設立が非標準法による組合（以下「非標準法組合」という）の判決である．他方，組合が勝訴した判決が33件ある．その内訳は，設立が非標準法組合の判決が11件，設立が非標準法か標準法か不明な組合（以下「根拠法不明組合」という）の判決が6件，設立が標準法による組合（以下「標準法組合」という）の判決が16件である．第2に第三者が組合に対して差止等を請求した事件の判決(B)であるが，非標準法組合が敗訴した判決が1件ある．そこで以上の判決を設立が非標準法組合か，標準法組合かに区分しつつ，標準法の制定が裁判所の判断にどのような影響を与えたか検討しよう．なお判決名・判例集名が長いので，＿＿下線の当事者名をもって判決名に代えることとする．

(2) 非標準法組合の敗訴判決

非標準法組合が排他的販売契約に違反した組合員を提訴し，組合が敗訴した判決は，つぎの3件である．
[Burns v. Wray Farmers' Grain Company, 65 Colo. 425, 176 P.487 (1918) Colo.]
[Fisher v. El Paso Egg Producers' Ass'n, 278 S.W. 262 (Tex. Civ. App. 1925) Tex.]
[Colorado Wheat Growers' Ass'n v. Thede, 80 Colo. 529, 253 Pac. 30 (1927) Colo.]

また第三者が非標準法組合を提訴し，組合が敗訴した判決は，つぎの1件である．
[Reeves v. Decorah Farmers' Co-op. Society, 160 Ia. 194, 140 N.W. 844 (1913) Ia.]

これらの判決において非標準法組合が敗訴した理由を整理すると，つぎの

ようになる.

① コモン・ローの違法性判断基準に合理の原則を採用し，排他的販売契約が不合理な制限であり，無効とした判決（[Burns] [Reeves]）．裁判所が不合理な制限と判断した理由は，損害賠償額の予定が競争者の競争上の立場を不利にし，組合員の取引の自由を制限したことにある．

② 排他的販売契約が公共政策に違反し，無効とした判決（[Thede]）．

③ 州協同組合法に基づかずに設立された組合の排他的販売契約が州反トラスト法に違反し無効とした判決（[Fisher]）．

以上の判決のうち，[Burns] [Thede] はコロラド州の最高裁判決であり，また [Reeves] はアイオワ州の最高裁判決であり，両裁判所は協同組合の特権を厳格に解釈し，組合を敗訴させている．

(3) 非標準法組合の勝訴判決

つぎに非標準法組合が組合員を提訴し，組合が勝訴した判決は，つぎの11件である．

[Owen County Burley Tabacco Society v. Brumback, 128 Ky. 137, 107 S.W. 710 (1908) Ky.]

[Burley Tabocco Society v. Gillaspy, 51 Ind. App. 583, 100 N.E. 89 (1912) Ind.]

[Ex parte Baldwin County Producers' Corp., 203 Ala. 345, 83 So. 69 (1919) Ala.]

[Castorland Milk and Cheese Co. v. Shantz, 179 N.Y.S. 131 (1919) N.Y.]

[Bullville Milk Producers' Ass'n v. Armstrong, 108 Misc. 582, 178 N.Y.S. 612 (1919) N.Y.]

[Anaheim Citrus Fruit Association Inc., v. Yeoman, 51 Cal. App. 759, 197 P. 959 (1921) Cal.]

[Washington Cranberry Growers' Association v. Moore, 117 Wash. 430, 201 P.773 (1921) Wash.]

[Poultry Producers of Southern Cal. Inc., v. Barlow, 189 Cal. 278, 208 P.93 (1922) Cal.]
[Pierce County Dairymen's Ass'n v. Templin, 124 Wash. 567, 215 P.352 (1923) Wash.]
[Brown v. Staple Cotton Co-op. Ass'n, 132 Miss. 859, 96 So. 849 (1923) Miss.]
[Lee v. Clearwater Growers' Ass'n, 93 Fla. 214, 111 So. 722 (1927) Fla.]

　これらの判決において非標準法組合が勝訴した理由を整理すると，つぎのようになる．
① コモン・ロー，州反トラスト法の違法性判断基準に合理の原則を採用し，排他的販売契約が合理的な制限であり，有効とした判決（[Shantz][Armstrong][Brown][Lee]）
② 排他的販売契約が公共政策に違反せず，有効とした判決（[Gillaspy][Moore]）
③ 適用除外規定により排他的販売契約への州反トラスト法の適用が除外されるとした判決（[Barlow]）
④ 排他的販売契約が州憲法（反トラスト条項）に違反しないとした判決（[Brumback][Moore]）
⑤ 排他的販売契約が適用除外法により連邦反トラスト法の適用が除外されるとした判決（[Moore]）
　以上のように各州裁判所が非標準法を勝訴させた理由は多様である．しかし排他的販売契約の保護が不十分な非標準法組合の段階でも，ケンタッキー，インディアナ，ニューヨーク，カリフォルニア，ワシントン，ミシシッピー，フロリダの7州の最高裁は，協同組合の特権を寛大に解釈し，勝訴させている．

(4)　根拠法不明組合の勝訴判決

根拠法不明組合が組合員を提訴し，勝訴した判決はつぎの6件であり，敗訴した判決はない．これらの判決が排他的販売契約を有効とした理由は定かでない．

[Washington Co-op. Egg & Poultry Ass'n v. Taylor, 122 Wash. 466, 210 P.806 (1922) Wash.]

[Poultry Producers of Central California v. Murphy, 64 Cal. App. 450, 221 P.962 (1923) Cal.]

[Harrel v. Cane Growers' Co-op. Ass'n, 160 Ga. 30, 126 S.E. 531 (1925) Ga.]

[Nebraska Wheat Growers' Ass'n v. Norquest, 113 Neb. 731, 204 N.W. 798 (1925) Neb.]

[California Bean Growers' Ass'n v. Rindge Land & Nav. Co., 199 Cal. App. 168, 248 P.658 (1926) Cal.]

[Nebraska Wheat Growers' Ass'n v. Smith, 115 Neb. 177, 212 N.W. 798 (1927) Neb.]

(5)　標準法組合の勝訴判決

標準法組合が組合員を提訴し，勝訴した判決は，つぎの16件であり，敗訴した判決はない．

[Oregon Growers' Co-op. Ass'n v. Lentz, 107 Ore. 561, 212 P.811 (1923) Or.]

[Tobacco Growers' Co-op. Ass'n v. Jones, 185 N.C. 265, 117 S.E. 174 (1923) N.C.]

[Kansas Wheat Growers' Ass'n v. Schulte, 113 Kan. 672, 216 P.311 (1923) Kan.]

[Texas Farm Bureau Cotton Ass'n v. Stovall, 113 Tex. 273, 253 S.W. 1101 (1923) Tex.]

[Potter v. Dark Tobacco Growers' Co-op. Ass'n, 211 Ky. 441, 257 S.W. 33

(1923) Ky]
[Tabacco Growers' Co-op. Ass'n v. Patterson, 187 N.C. 252, 121 S.E. 631 (1924) N.C.]
[Dark Tobacco Growers' Co-op. Ass'n v. Mason, 150 Tenn. 228, 263 S.W. 60 (1924) Tenn.]
[Minnesota Wheat Growers' Co-op. Marketing Ass'n v. Huggins, 162 Minn. 47, 203 N.W. 420 (1925) Minn.]
[Warren v. Alabama Farm Bureau Cotton Association, 213 Ala. 61, 104 So. 264 (1925) Ala.]
[Rifle Potato Growers' Co-op. Ass'n v. Smith, 78 Colo. 171, 240 P.937 (1925) Colo.]
[Clear Lake Co-op. Livestock Shippers' Ass'n v. Weir, 200 Ia. 1293, 206 N.W. 297 (1925) Ia.]
[Dark Tobacco Growers' Co-op. Ass'n v. Robertson, 84 Ind. App. 51, 150 N.E. 106 (1926) Ind.]
[Burley Tobacco Growers' Co-op. Ass'n v. Rogers, 88 Ind. 469, 150 N.E. 384 (1926) Ind.]
[List v. Burley Tobacco Growers' Co-op. Ass'n, 114 Oh. St. 361, 151 N.E. 471 (1926) Oh.]
[Elmore v. Maryland & Virginia Milk Producers' Ass'n, 145 Va. 42, 134 S.E. 472 (1926) Va.]
[South Carolina Cotton Growers' Co-op. Ass'n v. English, 135 S.C. 19, 133 S.E. 542 (1926) S.C.]

　これらの判決において標準法組合が勝訴した理由を整理すると，つぎのようになる．
① コモン・ロー，州反トラスト法の違法性判断基準に合理の原則を採用し，排他的販売契約が合理的な制限であり，有効とした判決（[Rogers

[English][List])
② 排他的販売契約が公共政策に違反せず,有効とした判決([Warren][Robertson][Smith])
③ 適用除外規定により排他的販売契約への州反トラスト法適用が除外されるとした判決([Robertson][English])
④ 後法優先の原則(同じ法形式の2つの法が相互に矛盾・抵触する場合,時間的に後に制定された法が,時間的に先に制定された法に対して優先的に適用されるとする原則)により,州反トラスト法よりも標準法を優先適用し,排他的販売契約を有効とした判決([Smith])
⑤ 排他的販売契約が州憲法(反トラスト条項)に違反しないとした判決([Huggis])
⑥ 連邦反トラスト法の適用が除外されるとした判決([Robertson][English])

　以上のように各州裁判所が標準法組合を勝訴させた理由は多様であるが,排他的販売契約の保護が手厚い標準法組合の段階において,オレゴン,ノースカロライナ,カンザス,テキサス,ケンタッキー,アイオワ,テネシー,ミネソタ,アラバマ,コロラド,インディアナ,オハイオ,バージニア,サウスカロライナの14州の最高裁が,すべて組合を勝訴させている.

(6) 同一の州最高裁が標準法制定前後で判例変更した事例

　以上の判決の中には,同一の州最高裁が標準法の制定前後で判例を変更した事例が,つぎのように2件ある.
① コロラド最高裁:非標準法組合の [Burns v. Wray Farmers' Grain Company, 65 Colo. 425, 176 P.487 (1918) Colo.] と標準法組合の [Rifle Potato Growers' Co-op. Ass'n v. Smith, 78 Colo. 171, 240 P.937 (1925) Colo.]
② アイオア最高裁:非標準法組合の [Reeves v. Decorah Farmers' Co-op. Society, 160 Ia. 194, 140 N.W. 844 (1913) Ia.] と標準法組合の [Clear Lake Co-op. Livestock Shippers' Ass'n v. Weir, 200 Ia. 1293, 206 N.W. 297 (1925)

Ia.]

以下，①について検討しよう．

(a) バーンズ事件判決

(Burns v. Wray Farmers' Grain Company, 65 Colo. 425, 176 P.487 (1918))

コロラド州では1913年に州反トラスト法と州協同組合法が制定された．原告レイ組合は，州協同組合法に基づき設立された穀物組合である．原告組合の附属定款は，組合員は組合を維持するため，1ブッシェルごとに1セントを組合に支払って，組合の競争者に穀物を販売することができ（このような契約を維持契約という），組合員が本附属定款を回避したときは出資金が没収されると定めていた．被告組合員バーンズは競争者に3,500ブッシェルの小麦を販売したところ，原告組合は35ドルの支払いを求めて提訴した．

コロラド最高裁は，コモン・ローの違法性判断基準に合理の原則を採用し，違反に対して制裁を伴う本件附属定款により組合員が組合の競争者に穀物を販売しないことに合意したときは，コモン・ローにより「附属定款は不合理にして無効」であると判示した．不合理な制限と判断した理由は，①競争者の競争上の立場の不利と②組合員の取引自由の制限である．

(b) スミス事件判決

(Rifle Potato Growers' Co-op. Ass'n v. Smith, 78 Colo. 171, 240 P.937 (1925))

コロラド州では1923年に標準法が制定された．原告ライフル・ポテト組合は，標準法の基づき設立されたジャガイモ組合である．原告組合と被告組合員スミスは，標準法に基づきスミスのジャガイモを原告組合にのみ販売するという販売契約を締結した．被告スミスが他の者にジャガイモを販売したので，原告組合はジャガイモの処分禁止（差止）を求めて提訴した．

コロラド最高裁は，①本件契約が公共政策に違反するとの主張に対して，バーンズ事件において「我々はかかる契約が公共政策に違反すると判示した．しかし1923年の法律はこの州の公共政策を変更した．この事件において契

約はこの法律に従っている」と判示した．また②本件契約がコロラド反トラスト法に違反するとの主張に対して，後法である1923年の標準法が前法である1913年の反トラスト法を支配するので，本件契約が取引を制限し，コロラド反トラスト法により無効になることは否定されると判示した．

コロラド最高裁は，バーンズ事件判決（非標準法組合）において，合理の原則を採用しつつ，排他的販売契約は不合理な制限であると判示し，協同組合の特権を厳格に解釈した．他方，同裁判所はスミス事件判決（標準法組合）において，標準法の制定によって州の公共政策が変更され，排他的販売契約は公共政策に違反しなくなったと判示し，協同組合の特権を寛大に解釈したのである．

(c) リバティー倉庫事件連邦最高裁判決

(Liberty Warehouse Co. v. Burley Tobacco Growers Co-op. Marketing Ass'n, 208 Ky. 643, 271 S.W. 695 (1925), aff'd, 276 U.S. 71 (1928))

やがて連邦最高裁もこのような標準法の制定による州の公共政策の変更や州最高裁の判断の変更に自らの判断を合わせるようになった[14]．それが倉庫業者の責任を定めたケンタッキー法27条を合憲と判示したリバティー倉庫事件連邦最高裁判決である．ケンタッキー州は，1922年にケンタッキー法を制定した．被告組合員キールマンは原告タバコ組合との間で，今後5年間タバコの全量を組合に引き渡す販売契約を締結した．1923年，被告リバティー倉庫はその組合員から2,000ドルでタバコを購入した．原告組合はケンタッキー法27条に基づき被告リバティー倉庫に対して違約金500ドルと弁護士費用の支払いを求めて裁判所に提訴した（当時ケンタッキー州には州反トラスト法がなかった）．被告は，26条（第三者の責任），27条（倉庫業者の責任）は合衆国憲法第14修正（平等保護条項）と抵触し，被告の特権及び免責を削減し，法の適正手続なしに法人の生命，自由及び財産を奪い，法の平等保護を否定すると主張した．

連邦最高裁は，①本法は組合員資格を農民に限定した組合を承認し，農産

物の購入及び再販売のための契約を認めるだけであって，合衆国憲法第14修正により保障された倉庫業者のいかなる権利も削減していない，②本法は，組合との販売契約を破棄するよう組合員に進んで懇請し，説得し又は勧誘する他の者に対する以上に倉庫業者に厳しい刑罰を定めていないので，その規定が倉庫業者から法の平等保護を奪うという主張は，実質的な理由がないと判示し，ケンタッキー法27条が合衆国憲法第14修正に違反しないことを確認した．

(7) 小括

以上，標準法制定前後に分けて，排他的販売契約の効力を検討してきた．これらをまとめればつぎのようになる．第1に標準法制定以前においても，7州の最高裁が排他的販売契約を有効と判示していたことである．有効の主たる理由は，制限の合理性，公共政策に違反しない，適用除外立法に該当などであった．第2に標準法制定以降であるが，14州の最高裁が排他的販売契約を有効と判示していたことである．有効の主たる理由は，制限が合理的，公共政策に違反しない，適用除外立法に該当，後法優先の原則に該当などであった．このような排他的販売契約が有効と判示される流れの頂点に位置するのが，リバティー倉庫事件連邦最高裁判決である．このように標準法の制定による公共政策の変化が，州裁判所の判断に変更をもたらし，連邦最高裁の判例変更に結びついていったものと考えられる．

4 その他の連邦適用除外立法

1920年代の農業不況，30年代の農業恐慌に対処するために，連邦議会はつぎのような反トラスト法適用除外立法を制定した．協同組合販売法（1926年）[15]は，農協と組合員，農協，連合会，共同販売機関が過去，現在又は将来の作物，市場，統計，経済に関する情報を取得，交換，解釈，普及することを認めた（5条）．また農業調整法（1933年）[16]は，農務長官が加工業者，

協同組合等と販売協定を締結することを認め，その協定を反トラスト法適用除外にした（8条）[17]．ロビンソン＝パットマン法（1936年）は，協同組合の利用分量配当を反トラスト法適用除外にした（4条）．さらに農産物販売協定法（1937年）[18]は農業調整法8条の販売協定に対する反トラスト法適用除外規定を継承し（8b条），また同法は農務長官にミルク等に関する協同組合と販売業者等との紛争を仲裁する権限を与え，仲裁手続を反トラスト法適用除外にした（3条）．このように連邦議会は，農協を公共政策（農業政策）に積極的に組み込むようになっており，このような連邦議会の対応が，連邦最高裁の州反トラスト法適用除外立法の合憲性の判断にも影響を及ぼしたものと考えられる．

5 州反トラスト法適用除外立法の合憲性の獲得

以上，商品作物販売運動を法的に支援する標準法の各州への普及が，各州の協同組合に関する公共政策の変更をもたらし，それが州裁判所や連邦裁判所の判断にも影響を及ぼしたことを明らかにした．このような裁判所の判断の変更を背景に，州反トラスト法適用除外立法の合憲性を確認する判決が現れた．その嚆矢は1914年のインターナショナル・ハーベスター対ミズーリ事件連邦最高裁判決であり，最終的に確認したのは1940年のティグナー事件連邦最高裁判決であった．以下この2つの判決を検討する．

(1) インターナショナル・ハーベスター対ミズーリ事件連邦最高裁判決
(International Harvester Co. v. Missouri, 234 U.S. 199（1914）)

ミズーリ州政府が，州反トラスト法に違反して州内で事業を行う外国会社の権利を調査するため権限開示訴訟を提起した．ミズーリ反トラスト法は，製造業者や販売業者の結合を規制する一方，購入者間の結合や賃金労働者間の結合には同法を適用しないと定めていた．ハーベスター社は，ミズーリ反トラスト法が労働者のすべての結合を運用と刑罰から除外し，商品を取り扱

う人々及び会社に限定するのは違憲であると主張した．

　連邦最高裁は，①結合を禁止する州法が商品の売手を含み，労働とサービスの売手を含まないという理由で法の平等保護に違反するとはいえない，②このような区分をするために合理の原則（これは平等保護条項の違法性判断基準であって，取引制限の法理の違法性判断基準ではない．筆者注）がある，③政策の問題は，本裁判所ではなく，州議会が決めることである，④区分が不合理でも恣意的でない限り，弊害の程度によって決まるとし，この法律が合衆国憲法第 14 修正に違反せず，合憲と判示した．

　本判決は，労働組合に対する州反トラスト法適用除外規定を合憲としたものであり，農協に対する州反トラスト法適用除外規定を違憲としたコノリー事件連邦最高裁判決を覆す手掛かりになる判決であった．

(2)　ティグナー事件連邦最高裁判決（刑事，Tigner v. Texas, 310 U.S. 141 (1940)）

　被告ティグナーは，ビールの小売価格を拘束するために共謀に参加し，テキサス州刑法典に違反したとの理由で正式起訴された．ティグナーは，本法には「生産者又は飼育業者の手元にある農産物及び家畜には適用しない」と規定する適用除外規定（1642 条）があり，合衆国憲法第 14 修正（平等保護条項）に違反すると主張した．

　連邦最高裁は，①農民は広く散在し，個人主義の習慣に慣れ，偶然に依存しているので，農業と工業の違いは公共政策の違いを要請する，連邦議会は農産物の供給と価格を支配することが必要であると考え，これらの様々な対策は農業が他の要素とは異なる機能及び力を表している事実の表明である．合衆国憲法第 14 修正は事実又は意見の異なるものを同じように扱うことを法律上要求していない，②農業と他の経済事業の違いを法に書き込むことは，テキサス州議会の権限の範囲内である，③コノリー事件判決は「時の浸食によって摩滅し，もはや支配していない」と判示した．本判決は州反トラスト法適用除外規定が，合衆国憲法第 14 修正に違反しないことを確認し，長い

間裁判所を拘束してきたコノリー事件判決の呪縛から解放した．

(4) CV法に関する最初の連邦最高裁判決：ボーデン事件連邦最高裁判決
（刑事，United States v. Borden Co., 308 U.S. 188 (1939)）

最後に CV 法に関する初めての連邦最高裁判決であるボーデン事件判決について検討しよう．イリノイ州シカゴ市にミルクを供給するミルク生産者組合（イリノイ協同組合法に基づき設立），配給業者，労働組合及びその役員，シカゴ市公務員，仲裁人がシャーマン法1条（取引制限）に違反してミルクの生産者価格を制限する違法な結合及び共謀に従事したとの理由で，地裁に正式起訴された．

連邦最高裁は，2つの問題について判示した．第1は農務長官が農協の活動に対して CV 法に基づく申立をしない場合，司法省又は私人がシャーマン法に基づき裁判の申立をすることができるかどうかという問題である．最高裁は「シャーマン法は刑事手続と刑事罰の権限を与えている．カッパー＝ヴォルステッド法は民事手続のみ定めている……カッパー＝ヴォルステッド法2条は，農務長官の手続がない場合，シャーマン法の免責を与える規定を含んでいない」と判示し，カッパー＝ヴォルステッド法2条が農務長官にシャーマン法の第一次管轄権（裁判所で審理される事案が，規制行政機関の管轄に属している場合には，当該行政機関の判断が下されるまで，裁判所の審理を差し控えるという法理）を与えておらず，通常の反トラスト法訴訟の提起を妨げないことを明らかにした．

第2は協同組合と非組合員（第三者）との協定に対して適用除外が適用されるのかという問題である．連邦最高裁は「販売準備をし，生産物を販売するために団結し，共同のために必要な契約を締結する農業生産者の権利は，これらの生産者にとって好条件の計略である取引を制限する他の者との結合又は共謀を認めているとは考えられない」と判示し，組合と非組合員との協定は，適用除外の対象にならないことを明らかにした．

6 反トラスト法適用除外立法の到達点

　以上が，対日占領政策の一環として制定された独禁法24条が継承することとなる反トラスト法適用除外立法の到達点である．改めて到達点を確認しておこう．

［1］農協の反トラスト法上の地位：農協はコモン・ロー上，反トラスト法上，取引を制限する農民の結合と考えられるが，裁判所がコモン・ロー，反トラスト法の違法性判断基準に合理の原則を採用すると，農協は不合理な制限とみなされず，適法とされる可能性が生まれてくる．しかし合理性の判断を裁判所の裁量に委ねておくと予測可能性が低く，農民の不安は解消されない．そこで一定の要件を備えた農民の結合が，不合理な結合でなく，反トラスト法に違反しないことを立法的に確認することが必要になる．クレイトン法6条，カッパー＝ヴォルステッド法は，合理の原則の立法化・立法宣言として制定された．

［2］適用除外立法の目的：クレイトン法6条：組合の存在と活動の適法性を承認すること．CV法：農産物の生産者が組合を設立することを承認すること．

［3］適用除外の根拠（必要性）：①クレイトン法6条：独占及びトラストの抑圧から農民を保護するため，農協が必要であり，適用除外立法が必要である（Nelson下院議員の発言）．②CV法1条：価格決定力がなく，集団交渉すれば反トラスト訴追される農民に，「公正な機会」「対等な立場で販売する機会」を与えるため，会社と同様に農民に「組合を設立することを認め」，「組合を設立する権利」「州際及び外国との通商で活動する権利」を付与する．CV法は，農民の強力な反トラスト法適用除外立法運動により制定され，農民の「組合を設立する権利」を承認したもので，「協同組合のマグナ・カルタ」と呼ばれている．

［4］適用除外の範囲：①クレイトン法6条の適用除外の範囲は「正当な目的を適法に実施する」範囲なので，正当目的・適法実施適用除外ということが

できる．②CV法1条の適用除外の範囲は，活動要件（共同し，集団で加工・販売準備・取扱・販売し，共同の販売機関を所有し，目的達成に必要な契約・協定の締結，員外利用を50％に制限）の範囲である．

[5] 適用除外立法はクラス立法ではない：クレイトン法6条について「ある組織によってなされた行為であって，他の組織によってなされれば違法となる行為を，適法にするものではない」（ジョーンズ上院議員の発言，1914年）．「組合は，他の適法な団体に認められない事業を実施する手段を採用する特権を与えられていない」（キング事件判決，U.S. v. King, 250 Fed. 908, 1916）．CV法は「特権を平等」にすることであって，クラス立法ではない（下院司法委員会報告）．

[6] 危険の蓋然性理論，萌芽理論の否定：CV法1条は，上院審議において上院代案（シャーマン法の危険の蓋然性論，連邦取引委員会法の萌芽理論）の否決のうえに成立した．

[7] 排他的販売契約の有効性：7州の最高裁が非標準法組合の排他的販売契約を有効と判示している．ケンタッキー法27条の倉庫業者の責任規定は合憲である（リバティー倉庫事件連邦最高裁判決，1928年）．

[8] CV法2条の意義：農務長官にシャーマン法の第一次管轄権はなく，通常の反トラスト訴訟を提起できる（ボーデン事件最高裁判決，1939年）．

[9] 州反トラスト法適用除外立法は合衆国憲法第14修正に違反しない（ティグナー事件最高裁判決，1940年）．

[10] 組合と非組合員（第三者）との協定は，適用除外の対象にならない（ボーデン事件最高裁判決，1939年）．

注

1) JOSEPH G. KNAPP, THE ADVANCE OF AMERICAN COOPERATIVE ENTERPRISE：1920-1945, at 3 (1973).
2) ワインストックは1913年，協同組合と農村信用を調査する欧州協同組合調査団に参加し，異父（母）兄弟のルービンとアメリカの農産物販売を改善する方法について議論した．そこに結婚して親戚になったサピロが参加した．EDWIN G. NOURSE, THE LEGAL STATUS OF AGRICULTURAL COOPERATION 95

(1927).
3) 1884-1956年，弁護士，協同組合運動家．カリフォルニア州オークランドにユダヤ系移民の子として生れた．幼年時代は貧しかったが，法学士号を取得してカリフォルニア市場委員会の職員になり，ワインストックを支え，商品作物協同組合販売方式を発展させる一方，州議会議員や委員会に対して統一販売協同組合法の必要性を発表した．彼はほとんどの州での標準法の採用により認められた．http://www.coopheros.coop/inductees/sapiro.html.
4) Aaron Sapiro, Cooperative Marketing, 8 IOWA L. BULL. 200-201 (1923).
5) KNAPP, supra note 1, at 42；NOURSE, supra note 2, at 101, n 5.
6) KNAPP, supra note 1, at 35-41.
7) 1871-1937年，政治家，裁判官，新聞出版者，駐英大使．ノースカロライナ州に生まれる．1897年にケンタッキー州ルイビル大学法学部より法学士の学位を授かる．1907年にルイビル暫定市長に任命され，1911年にJefferson Circuit Court判事に任命される．これにより後年「ビンガム判事」と呼ばれる．1913年，最初の妻と死別し，富豪の未亡人メアリー・フラグラーと再婚したが，1年以内に死別し，500万ドルの遺産を相続し，1918年にCourier JournalとLouiseville Timesを買収した．この買収によってビンガムは州，地域，全国の指導者になり，この権力基盤によって1921年，協同組合運動の指導権をとった．サピロは協同組合に関する詳しい知識，すべての商品作物組織への献身，協同組合を推進する純粋なバイタリティーによってビンガムを虜にした．彼は1924年に三番目の妻と結婚した．彼はローズベルト大統領の強力な資金提供者となり，1933年，駐英大使に任命されて報われた．William E. Ellis, Robert Worth Bingham and the Crisis of Coop-erative Marketing in the Twenties, 59 AGRICULTURAL HISTORY 99 (1982).
8) KNAPP, supra note 1, at 70-71.
9) KNAPP, supra note 1, at 71.
10) JAMES BAARDA, COOPERATIVE PRINCIPLES AND STATUTES 7 (RR No.54, Dep' of Agriculture, 1986).
11) JOHN HANNA, THE LAW OF COOPERATIVE MARKETING ASSOCIATION 47 (1931).
12) HANNA, supra note 11, at 44 (1931). なお7州が非標準法を有し，2州が未だ協同組合法を制定しておらず，一般会社法を適用している．非標準法であるウィスコンシン法は，多くの人にサピロ法案と同じくらい良いと評価されている．なお46州とプエルトリコで制定されたという説もある．46州説は【資料3】の非標準法7州を標準法州に加えたものである（サピロの説（HANNA, supra note 11, at 46, n 35）；BAARDA, supra note 10, at 8；DONALD FREDERICK, ANTITRUST STATUS OF FARMER COOPERATIVES: The Story of the Capper-Volstead Act 147 (CIR No.59, Dep' of Agriculture, 2002)）．

13) 筆者は排他的販売契約に関する判決を，州別に検討したことがある．高瀬雅男「農業協同組合と合憲性の獲得（2完）」行政社会論集25巻2号1-52頁（2012年）．
14) FREDERICK, supra note 12, at 150.
15) Cooperative Marketing Act, ch. 725, 44 Stat. 802 (1926).
16) Agricultural Adjustment Act, ch. 25, 48 Stat. 31 (1933).
17) Robinson-Patman Act, ch. 592, 49 Stat. 1526 (1936).
18) Agricultural Marketing Agreement Act, ch. 296, 50 Stat. 246 (1937).

第6章　原始独禁法24条の立法過程

1　はじめに

　本章の課題は，課題(ii)のアメリカの反トラスト法適用除外立法の到達点が，アメリカの対日占領政策を通じて，どのように原始独禁法24条に継受されていったのかを明らかにすることである．

　独禁法24条の立法過程に関する主要な先行研究には，堀越芳昭「1937年ICA原則の成立とICA定款の展開」（農協基礎研究17号1頁，1997年），「なぜ協同組合は独占禁止法適用除外なのか」（協同組合経営研究所研究月報592号16頁，2003年）その他多数の論文[1]及び西村暢史＝泉水文雄「一九四七年原始独占禁止法の形成と成立」（神戸法学雑誌56巻2号51頁，2006年，以下「西村＝泉水論文」という）がある．堀越論文は，当時最新の資料を駆使して，独禁法24条の協同組合要件と活動要件の由来を探求したもので，協同組合要件が1937年の国際協同組合同盟の協同組合原則に由来することを明らかにした意義は大きい．また西村＝泉水論文は，関係省庁に保管されている5つの独禁法立法に関する一次資料を突き合わせ，原始独禁法の主要規定の立法過程を読み解いたもので，従来の資料ではわからなかった立法過程のかなりの部分が明らかにされている．

　本稿はこれらの先行研究の成果を参考にしながら，アメリカ反トラスト法適用除外立法の知見（以下「アメリカ法の知見」という）から基本資料を読み直し，反トラスト法適用除外立法の到達点が，どのように独禁法24条に

継受されていったのかを明らかにするものである．

2　対日占領政策と独禁法，協同組合

(1)　対日占領政策と経済民主化

　アメリカの反トラスト法適用除外立法が，アメリカ政府の対日占領政策，なかんずく財閥解体政策（広義）の一環として制定された独禁法24条にどのように継受されていったのであろうか．この問題を解明するためには，まずアメリカ政府の財閥解体政策が独禁法や協同組合をどのように位置づけていたのかを明らかにし，つぎに反トラスト法適用除外立法が，連合国最高司令部（以下「GHQ」という）と日本政府の折衝を通じてどのように24条に継受されていったのを明らかにする必要がある．

　アメリカ政府の対日占領政策は，戦時中から国務省，農務省などで検討されていたが，本格的な検討が開始されたのは国務・陸軍・海軍三省調整委員会（SWNCC）の設置（1944年12月）からであり，「初期の対日方針要綱」（1945年4月）を経て，「初期の対日方針」（SWNCC 150/4, 1945年9月22日），「初期の基本的指針」（1945年11月1日）へと具体化されていった．

　第1に日本の経済制度のあり方であるが，「初期の基本的指針」[2]は，①「所得と生産及び商業手段の所有権とを広く分配する」政策及び②「労働，産業，農業における民主主義的基礎の上に組織された団体の発達」によって「日本経済制度の民主化」を実現することとし，①について財閥の解体（狭義），大集中の解体，統制団体の解散，独占助長立法の廃止，私的国際カルテルへの参加禁止を，また②について労働統制の廃止・労働保護立法の復活，民主的な被使用者組織の結成，怠業・作業停止の尊重などの措置をとるようGHQに指示した．これらの指示に従って，GHQは日本政府に対して「持株会社の解体」（SCAPIN 244, 1945年11月6日），「農地改革に関する覚書」（SCAPIN 411, 1945年12月9日），「日本労働者組織の取扱い」（SWNCC 92/1, 1945年12月28日）による経済改革，農地改革，労働改革を指示した．

第2に財閥解体政策（広義）における独禁法の位置づけであるが，GHQ「持株会社の解体」[3]は，日本政府に対して，四大財閥の解体計画を承認するとともに，その他の結合の解体計画，独占助長立法の撤廃計画，独禁法の制定計画の提出を求めた．ここに独禁法制定の根拠を見いだすことができる．

(2) エドワーズ報告書と協同組合

つぎにアメリカ政府は，これらの財閥解体政策を具体化するために，日本に調査団（団長，コーウィン・エドワーズ（Corwin D. Edwards）ノースウェスタン大学経済学部教授）を派遣し（1946年1月7日〜3月15日），エドワーズ報告書を作成した（1946年3月14日，日本での概要公表は10月26日）．この報告書とGHQのコメントを基礎に，国務・陸軍・海軍三省調整委員会は，「日本の過度経済力集中に関する米国の政策」（SFC 182，1946年8月1日），SWNCC 302/2修正（1947年4月29日）を作成し，最終的にFEC 230として極東委員会に提出した（1947年5月12日）．このような財閥解体政策（広義）において独禁法，協同組合，独禁法適用除外はどのように位置づけられていたのであろうか．

第1に反トラスト法と協同組合の関係であるが，エドワーズ報告書「勧告の要約6」[4]は，財閥解体によって生じる証券や資産の売却先として「協同組合」，財閥系企業の役職員・従業員，独立事業経営者，組織労働者の集団をあげており，協同組合は財閥所有の証券・資産の売却先，分散先として位置づけられたことである．

第2に「勧告の要約15」[5]は，「取引に重圧を課すような共同行為，特定の企業をある事業分野から追い出すことを意図したり，それを他の企業に強制したりする共同又は単独の行為，独占，過大な企業規模，あるいは，独占や過大企業規模を特に生み出し易い型の産業成長や企業間結合を禁止」するために反トラスト法の制定を勧告する一方，「強制的でも独占的でもない協同組合の共同事業……に関しては，例外が認められるべきである」と述べ，協同組合に対する反トラスト法適用除外の必要性を認めていた．さらに「勧

告の要約20」は協同組合制度の「改善」(加入強制の廃止,事業制限の廃止,農協への政府介入の禁止) を勧告した.

第3に適用除外される協同組合の協同組合要件であるが,エドワーズ報告書「第6章 勧告」[6]は,「協同組合の場合は,加入組合員の平等の議決権,役員選出に当たっての多数決原則,利益の配分は均等とするか低く定められた配当を越えて配分するときには出資の割合ではなく,事業量に応じた比例とする配分方法等の協同組合組織としての特徴が明らかな場合にはその適用除外規定を設ける」と述べ,「平等の議決権」「出資配当制限」「事業量比例配当」という協同組合要件をあげている.これに「勧告の要約20a」の「特定のグループの組合加入を強制する現行法規の廃止」[7],すなわち加入脱退の自由を加えると,協同組合の基本原則 (ICA原則では4原則) がすべて出揃ったという[8].これによればCV法1条の協同組合要件 (1人1議決権 or 出資配当制限8%の選択制) は継受されていないことが確認できる.

第4に適用除外される協同組合の活動要件であるが,エドワーズ報告書「第6章 勧告」[9]は,つぎのように述べている.

【エドワーズ報告書 勧告 (反トラスト法の制定)】 協同組合はその構成メンバーの相互の関係に鑑み,共謀行為を禁止する規定からは適用除外されるが,外部の者又は外部の団体と制限的な取決めを行う自由はなくかつ独占及び強制的な慣行を禁止する規定から適用除外されないことを明らかにすべきである.

以上のようにエドワーズ報告書は,協同組合を財閥解体により分散すべき証券類の受け皿として位置づけ,反トラスト法を制定する一方,協同組合を反トラスト法適用除外とし,適用除外される協同組合の改善点,協同組合要件,活動要件について勧告したのである.

それでは勧告されたエドワーズ報告書の活動要件をどのように理解すればよいのであろうか.報告書は協同組合の行為を,①「構成メンバーの相互の

関係」と②協同組合と「外部の者」との関係に区分し，①組合員相互の関係には共謀行為を禁止する規定（反トラスト法，筆者注）の適用が除外される一方，②協同組合と外部の者との制限的な取決めには，独占及び強制的な慣行を禁止する規定（反トラスト法，筆者注）が適用されると述べている．①は組合員相互の関係を反トラスト法適用除外にするので，「組合員相互関係反トラスト法適用除外」ということができ，また組合員相互の関係とは組合内部の関係であるから，「内部行為反トラスト法適用除外」ということもできる．他方，②協同組合と外部の者との関係は外部関係であり，反トラスト法が適用されるから，外部行為反トラスト法適用ということができる．要するにエドワーズ報告書は，適用除外される協同組合の活動要件として，内部行為適用除外（外部行為反トラスト法適用）を勧告したのである．

(3) 内部行為適用除外の由来

それではエドワーズ報告書の内部行為（組合員相互関係）適用除外は，何に由来するのであろうか．アメリカの主要な連邦反トラスト法適用除外立法は，クレイトン法6条とCV法1条である．クレイトン法6条の活動要件（適用除外の範囲）は「正当な目的を適法に実施」（正当目的・適法実施適用除外）であるから，エドワーズ報告書の活動要件（内部行為適用除外）と一致しない．

つぎにCV法1条であるが，同条は，詳細な活動要件（共同し，集団で加工・販売準備・取扱・販売し，共同の販売機関を所有し，組合及び組合員との目的達成のために契約・協定を締結する）を定めており，この要件の範囲内の行為には反トラスト法の適用が除外されるから，活動要件適用除外ということができる．またこの詳細な活動要件は「組合員相互の関係」と「組合と組合員の関係」に要約できるから，「組合員相互・組合組合員間関係適用除外」ということができ，さらにそれらは組合内部の行為であるから，内部行為適用除外ということもできる．するとエドワーズ報告書の内部行為適用除外は，CV法1条の内部行為適用除外に由来すると考えることができる．

なおCV法1条の活動要件を内部行為適用除外（外部行為反トラスト法適用）と要約するのは，筆者独自の用語法ではなく，少数ではあるがアメリカの学説でも用いられている用語法である．すなわちサリバンとホーベンカンプは，メリーランド・バージニア・ミルク生産者組合事件連邦最高裁判決 (Maryland & Va. Milk Producers Ass'n v. United States, 362 U.S. 458 (1960)) によりながら，「適用除外の目的は農民たちに，反トラスト法の枠組みの範囲内で，会社と同様に，組合の中で (in) 共同することを認めることである」と述べ，適用除外の範囲をつぎのように限定する[10]．

【SULLIVAN & HOVENKAMP】 農民の協同組合の設立と内部活動 (internal operations) は攻撃から免除される一方，組合の外部行為 (external activities) は他の事業者と同じ基準によって判断される．

これは，協同組合の内部行為は（反トラスト法の，筆者注）攻撃から免除されるが，外部行為は他の事業者と同じ基準（反トラスト法，筆者注）が適用されるという意味であり，CV法1条→エドワーズ報告書の内部行為適用除外の継受を確認することができる．

(4) カイム案13条の由来

GHQは，1946年8月，エドワーズ報告書の勧告を基礎に，アメリカの反トラスト諸立法を参考に，カイム (Posey T. Kime)[11] が作成した「自由取引及び公正取引の促進・維持に関する法律」（いわゆるカイム案）を日本政府に提示した．それではカイム案13条[12]の活動要件は，クレイトン法6条の正当目的・適法実施適用除外に由来するのか，それともCV法1条の内部行為適用除外に由来するのであろうか．

【カイム案第13条 免除】 相互扶助の目的を以って (for the purpose of mutual help) 設立さられた小生産者及び消費者の合規 (legitimate) の任意

協同組合（voluntary cooperatives）にして個々の会員は各一票を有し，株式資本を有せず（no capital stock），且つ受入金（proceeds）は平等に，又はその活動の量に比例して配分せられ，法律に依り認可せられたものに対しては，之を適用しない．

カイム案13条は，「相互扶助」(mutual help)，「非出資」(no capital stock)，「合規」（正当，legitimate）などの文言からみて，CV法1条の内部行為適用除外よりも，むしろクレイトン法6条の正当目的・適法実施適用除外に由来すると考えられる．クレイトン法6条→カイム案における正当目的・適法実施適用除外の継受を確認することができる．

3 内部行為適用除外の立法過程

(1) 立法過程の概要

GHQのカイム案の提示を受けて，関係各省は打合せをはじめ，「経済秩序に関する示唆についての意見」(1946年10月8日) をとりまとめた．さらにエドワーズ報告書の要旨が発表されると (10月26日)，日本政府は「独占禁止法に関する恒久的制度準備の件」を閣議決定し (11月5日)，独占禁止準備調査会（委員－幹事会－幹事補佐会）を設置し，要綱や法案の作成を開始した[13]．それでは反トラスト法適用除外立法は，独禁法24条の立法過程において，GHQと日本政府の折衝を経ながら，どのように継受されていったのであろうか．まずは適用除外要件を構成する協同組合要件及び活動要件について概観しておこう．

第1に協同組合要件であるが，エドワーズ報告書，カイム案において，すでに相互扶助，加入脱退の自由，議決権平等，出資配当制限，利用高配当が確認されていた．しかし実際の立法過程においては，出資配当制限の挿入が大幅に遅れ，第五次修正試案 (1947年3月15日) においてようやく完備された．時代的制約やアメリカ的制約のあるCV法1条の協同組合要件は，エ

ドワーズ報告書の段階から採用されず，国際協同組合同盟の協同組合原則が24条に継受されたことは[14]，歴史的進歩への対応として評価できる．

　第2に活動要件であるが，CV法1条，エドワーズ報告書に由来する内部行為（組合員相互・組合組合員間関係）適用除外は，日本政府が作成した試案・法案（1947年1月22日）まで継続した．しかしその後，内部行為適用除外に外部行為適用除外と但書を付加する動き始まり，修正試案（2月25日），第三次修正試案（3月9日）を経て，第四次修正試案（3月11日）において外部行為適用除外と但書の付加が完了し，原始独禁法24条に定着した．

　なおクレイトン法6条，カイム案13条の正当目的・適法実施適用除外は，「経済秩序に関する示唆の要綱」（1946年10月9日）に継受されたが，その後の政府の試案・法案には継承されなかった．

(2)　内部行為適用除外の立法過程

　それではCV法1条，エドワーズ報告書に由来する内部行為適用除外に，どのようにして外部行為適用除外と但書が付加されることになったのか．まず24条の立法過程（GHQ経済科学局反トラスト・カルテル課と日本政府の折衝）を確認しよう．

［1］エドワーズ報告書（1946年3月15日）[15]は，「協同組合はその構成メンバーの相互の関係に鑑み，共謀行為を禁止する規定からは適用除外される」「外部の者又は外部の団体と制限的な取決めを行う自由はなくかつ独占及び強制的な慣行を禁止する規定から適用除外されない」と述べており，内部行為（組合員相互関係）適用除外（外部行為反トラスト法適用）を採用している．

［2］経済秩序に関する示唆に対する意見(案)（1946年10月8日）（西村＝泉水235頁）[16]は，「中小企業者等の協同団体が共同利益を追求するためにその内部で第7節所定の協定等を行うこと差支へないか協同団体又はその連合体が団体外部に向かって不正な競争や不当な独占を行うことは取締るべきである」と述べており，日本政府として初めて内部行為適用除外（外部行為独禁法適用）を採用することを明らかにした．なお翌日公表された経済秩序に

関する示唆の要綱（1946年10月9日）（西村＝泉水236頁）は「小工業者又は消費者が相互援助の目的をもって設立した正当な任意の協同組合には，本法を適用しない」と述べており，これはクレイトン法6条，カイム案13条の正当目的・適法実施適用除外に由来するが，その後継受されなかった．
[3] 不正競争の防止及び独占の禁圧に関する法律案（商工省企画室，1946年11月8日）（西村＝泉水236頁）は，「第3章の規定はこれらの協同団体の内部において，協同団体とその構成員又は構成員相互間に行われる行為については，これを適用しない」と述べており，組合員相互・組合組合員間関係適用除外を採用している（不当な取引制限規定の適用を除外する）．
[4] 独占禁止制度要綱に関する件乙案（A説）（同年12月5日）（西村＝泉水237頁）は，「団体内部の行為には不当な取引制限に関する規定は適用しない」と述べており，内部行為適用除外を採用している（不当な取引制限規定の適用を除外する）．
[5] 私的独占の禁止及び公正取引の確保に関する法律案（商工省）（1947年1月1日）（西村＝泉水239頁）は，「第5条乃至第16条の規定は……組合……の組合員が……なす組合員相互又は組合と組合員の間の行為については，これを適用しない」と述べており，組合員相互・組合組合員間関係適用除外を採用している（不当な独占，取引の不当な制限規定の適用を除外する）．
[6] 1947年1月15日法律案（西村＝泉水241頁）は，「この法律の規定は……組合と組合員の間又は組合員相互の間においてなす行為に関しては，これを適用しない」と規定しており，組合員相互・組合組合員間関係適用除外を採用している（「この法律」（独禁法）の適用を除外する）．
[7] 1947年1月22日試案（西村＝泉水241頁）は，「この法律の規定は……組合内部の行為に関しては，これを適用しない」と述べており，内部行為適用除外を採用している（「この法律」（独禁法）の適用を除外する）．

以上の立法経過を要約すれば，つぎのようになる．第1に内部行為（組合員相互・組合組合員間関係）適用除外は，多少の表現の違いはあるが，CV法1条→エドワーズ報告書→政府の要綱・法案（1947年1月22日試案）ま

で一貫して継受されてきたことである.

　第2に内部行為に対して適用が除外される独禁法の規定であるが，政府の要綱・法案は「不当な取引制限」規定→「不当な独占，取引の不当な制限」規定→「この法律」（独禁法）の適用除外へと拡大し，独禁法全体からの内部行為適用除外へと至ったのである．

4　外部行為適用除外の立法過程

(1)　外部行為適用除外付加の背景

　それではどのようにして内部行為適用除外に外部行為適用除外と但書が付加されることになったのか．GHQ反トラスト・カルテル課と農林省との折衝過程を検討しよう．GHQと農林省との間で，つぎのような折衝があった．
[a] 1946年12月5日乙案(B)説は，「主務大臣の指定する協同団体の権能の範囲内に於ける行為には，不当な取引の制限及び独占に関する規定はこれを適用しない」と述べている．また乙案の別案という資料は「主務大臣の指定する協同団体の権能の範囲内に於ける行為には，不当な独占，不当な独占を生ずる虞のある事項及び不当な取引の制限及び独占に関する規定はこれを適用しない（農林省）」と述べている（西村＝泉水237頁）．要綱に採用された乙案(A)説は「団体内部の行為には，不当な取引制限に関する規定は適用しない」（内部行為適用除外）と述べているから，(B)説や別案はこれに対する異論，すなわち主務大臣の行政行為（指定）を媒介とした適用除外の範囲の拡大（外部行為適用除外）を企図していたと考えられる．
[b] 1947年1月10日の「独占禁止法の追加修正」と題する農林省の提出文書（西村＝泉水240頁）は，「組合と組合員……及び組合員相互間」行為適用除外としつつ，森林法，酪農業統制法（仮称）など，適用除外の対象となる法律の追加を求めている．
[c] 1月24日の「独占禁止法案に対する意見」と題する農林省の提出文書（西村＝泉水242-243頁）は，法案が適用除外の範囲を内部行為に限定して

第6章 原始独禁法24条の立法過程 　　　　　　　　　　　135

いる点を問題視している．すなわち1月22日の試案が，適用除外の主体を「小規模の事業者」と定め，商工組合を適用除外の対象に含め，適用除外の範囲を内部行為に限定しているので，農林省は本来農業協同組合だけ入っていれば組合の行為すべてが適用除外になるのに，商工組合が入ることによって，適用除外の範囲が狭くなることを懸念している．CV法が反トラスト法の適用を全面的に除外していること，カイム案が適用除外の範囲を内部行為に限定していないことも述べている．

[d] 1月27日の農林省の提出文書（Agricultural Cooperatives in relation to the Anti-Trust Law）（西村＝泉水243頁）は，1946年の土地改革法及び立法作業が進んでいる農協法の観点から，米国同様の趣旨である反トラスト法の適用除外規定を現在立法作業が進む独禁法案にも組み込んでいくべきだと主張している．

[e] 1月27日のサルウィン（Lester N. Sulwin）[17]と日本政府との会議の日本側メモ（西村＝泉水243頁）は，サルウィンが「協同組合の除外は全部である．何故そういうことを聞くのかむしろ驚いている．シンティメイト上のもので○も認可されるためには不正競争等行うはずがない」と述べたという．サルウィンの「協同組合の除外は全部である」との発言をどのように理解するのか．①内部行為・外部行為を含む「全部」の適用除外か，②各種組合法の「全部」の組合の適用除外か，③その他の理解もありうるが，①の理解は後のサルウィンの行動（修正試案英語版の手書き修正）と一致する．

　以上のようなGHQ反トラスト・カルテル課と農林省の折衝をみると，農林省は内部行為適用除外だけでなく，外部行為適用除外も求めて折衝を重ねており，1月27日の会議でサルウィンも外部行為適用除外を認めたかのようにみえる．農林省がなぜ外部行為適用除外を求めたのか，その理由は定かでないが，折衝過程から推測すると，背景に同時進行していた農地改革や農協法制定があるようにみえる（西村＝泉水243頁）．今後の解明を待ちたい．

(2) 外部行為但書控除適用除外の立法過程

1947年1月27日のサルウィンと日本政府との会議以降，政府の要綱・法案にはつぎのような変化が現れた．

[i] 司令部提出用試案（1月28日）（西村＝泉水244頁）は，「この法律の規定は，左の各号に掲げる要件を備え且つ法律の規定に基づいて設立された組合（組合連合会を含む）の組合内部の行為に関しては，これを適用しない……（省略）……<u>前項の組合の行う販売及び購買については，その行為自体を以て不当な独占と解せられることはない</u>」（下線は筆者，以下同じ）と規定し，従来の内部行為適用除外を維持しつつ，2項を新設し，外部行為（販売，購買）は当然（per se）には不当な独占とは解されないとした．

1項は「組合内部の行為」（内部行為）適用除外を規定しているから，外部行為には独禁法が適用される．2項は外部行為に独禁法が適用されることを前提に，独禁法が適用されるからといって直ちに違法（不当な独占）になることはないと当然のことを述べているのに過ぎない．ある行為が独禁法の適用対象になることと，その行為が違法になることとは別問題だからである．しかしその意味するところは，これから始まる外部行為適用除外の布石，頭出しである．

[ii] 2月25日付日本語版修正試案の英語版へのサルウィンの手書き修正（西村＝泉水246頁）は，1項の内部行為（internal activities）から内部（interal）を削除し，2項の「前項の場合……解されることはない」を全面削除している．サルウィンは外部行為適用除外を付加する方向に動き出したようにみえる．

[iii] 日本語版第二次修正試案（3月6日）（西村＝泉水246-247頁）は，「……組合（組合の連合会を含む.）の行為には，これを適用しない．<u>但し，一定の取引分野における競争を実質的に制限することにより，不当に対価を高めることとなる場合は，この限りでない</u>」と規定し，従来の「組合内部の行為」を「組合の行為」に改め，但書を加えた．これにより「組合の行為」は内部行為と外部行為を含むことになり，内部行為にも外部行為にも独禁法

を「適用しない」ことにした．しかしそれでは外部行為が全面的に適用除外され，適用除外の範囲が広すぎることになる．そこで24条は但書を設け，但書に該当する範囲で独禁法を適用することにしたのである．これは但書に該当する範囲を控除した範囲が適用除外の範囲になるから，但書控除適用除外ということになる．

[iv] 第三次修正試案（3月9日）（西村＝泉水247-248頁）は，「但し，<u>不公正な競争方法を用いる場合又は</u>一定の取引分野における競争を実質的に制限することにより，不当に対価を高めることとなる場合は，この限りでない」と規定し，但書に「不公正な競争方法を用いる場合」を加えた．これは私的独占，不当な取引制限，不公正な競争方法の要件の文言が確定したので，挿入されたようである（西村＝泉水64頁）．その結果，内部行為適用除外の範囲が縮小される可能性が生まれることになった．

[v] 第四次修正試案（3月11日）（西村＝泉水250頁）は，「但し，不公正な競争方法を用いる場合又は一定の取引分野における競争を実質的に制限することにより，不当に対価を<u>引き上げる</u>こととなる場合は，この限りでない」と規定し，「不当に対価を高めることとなる場合」を「不当に対価を引き上げることとなる場合」に改めた．

その結果，24条は，本文で原則として内部行為も外部行為も全面的に適用除外する一方，但書で例外的に「不公正な競争方法を用いる場合（前段）又は一定の取引分野における競争を実質的に制限することにより，不当に対価を引き上げることとなる場合（後段）」，独禁法を適用することになった．但書に私的独占や不当な取引制限に共通する違法要件（市場効果要件）である「一定の取引分野における競争を実質的に制限すること」に「不当に対価を引き上げることとなる場合」を加えた理由について，CV法2条の影響が指摘されている（西村＝泉水247頁）．

このような立法過程を経て独禁法案は，第92帝国議会に提出された．内閣法制局の法律案説明資料によれば，「組合の行為を除外する理由は，組合の結成，組合と組合員の取り引きが所謂共同行為として本法案第三条，第四

条，第五条に該当する場合があり得るから」であるが，「不公正な競争方法を用いる場合と不当な取引制限を通じて価格引き上げに至るべき場合には，本法案を適用する」と述べている（西村＝泉水 251-252 頁）．明文化されていないが，組合の内部行為（組合と組合員の取り引き）が適用除外の本来的な対象と位置づけられているという（西村＝泉水 252 頁）．1947 年 3 月 31 日，独禁法案は最後の帝国議会で可決・成立した．

5　継受したもの，しなかったもの

　以上のような立法過程を経て，つぎのような独禁法 24 条が制定された．そこで【資料 5】により，独禁法 24 条がどのように CV 法を継受したのか（しなかったか）検証しよう．

> 【原始独禁法 24 条】　この法律の規定は，左の各号に掲げる要件を備え，且つ，法律の規定に基づいて設立された組合（組合の連合会を含む．）の行為には，これを適用しない．但し，不公正な競争方法を用いる場合又は一定の取引分野における競争を実質的に制限することにより不当に対価を引き上げることとなる場合は，この限りでない．一　小規模の事業者又は消費者の相互扶助を目的とすること．二　任意に設立され，且つ，組合員が任意に加入し，又は脱退することができること．三　各組合員が平等の議決権を有すること．四　組合員に対して利益分配を行う場合には，その限度が法令又は定款に定められていること．

　第 1 に適用除外の根拠（必要性）であるが，CV 法 1 条は価格決定力がなく，集団交渉すれば反トラスト法で訴追される農民に，「公正な機会」「対等な立場で販売する機会」を与えるため，会社と同様に農民に「組合を設立することを認め」「組合を設立する権利」「州際及び外国との通商で活動する権利」を付与することであった．これに対して独禁法 24 条は「小規模事業者

【資料5】CV 法と独禁法 24 条の比較

	CV 法 1 条	独禁法 24 条
組合員要件	農産物の生産者	小規模事業者又は消費者
組織要件	出資・非出資，法人・非法人	法律により設立
協同組合要件	相互扶助，1 人 1 議決権 or 出資配当制限 8%	相互扶助，任意設立，加入・脱退の自由，議決権の平等，出資配当の制限
活動要件	組合で共同し，集団で加工・販売準備・取扱・販売し，共同の販売機関の所有し，目的達成のため契約・協定を締結し，員外利用を 50％に制限する （内部行為適用除外）	・本文（原則）：組合（連合会）の行為を適用除外 ・但書（例外）：①不公正な競争方法を用いる場合又は②一定の取引分野における競争を実質的に制限することにより不当に対価を引き上げることとなる場合は独禁法適用． （内部行為但書控除適用除外） （外部行為但書控除適用除外）
濫用規制	（CV 法 2 条）組合が農産物の価格を不当に引き上げる程度に独占又は取引を制限した場合，農務長官は排除措置命令を発出	

は相互に団結して一事業単位を形成することによって，はじめて資本主義経済の下における独立の競争単位となることができるのであるから，このような競争単位を認めることは公正且つ自由な競争を実質的に促進するために是非とも必要である」[18]という．両者とも大企業と農民・小規模事業者との取引上・競争上の格差を問題視し，対等な立場で取引・競争できるよう農民や小規模事業者・消費者の結合（組合）を承認（適用除外）するものであり，表現に差があるが，独禁法 24 条が CV 法 1 条の適用除外の根拠を継承したといえよう．ただし CV 法は権利付与構成（組合を設立する権利を付与）をとるのに対して，独禁法は独立競争単位構成をとる点で異なる．

　第 2 に組合員要件であるが，CV 法は組合員資格を農産物の生産者（農民）に限定しており，狭い．これに対して独禁法 24 条は組合員資格を農民を含む小規模事業者及び消費者に認めており，範囲は広い．

　第 3 に組織要件であるが，CV 法は出資組合・非出資組合，法人組合・非

法人組合を含み，広い．これに対して独禁法24条は出資組合，非出資組合を含むが，法定組合に限定しており，狭い．しかし24条は連合会を明文で認めている．

　第4に協同組合要件であるが，CV法は相互扶助，1人1議決権 or 出資配当制限8%の選択制である．これに対して独禁法24条は国際協同組合同盟の1937年協同組合原則を継受したものであり，これは歴史的進歩への対応として評価できる．

　第5に活動要件（適用除外の範囲）であるが，CV法1条の活動要件は適用除外される販売農協の活動を詳細に定めたものである．これに対して独禁法24条の活動要件は「組合の行為」と抽象的であり，販売組合だけでなく購買組合も含み，限定がない．

　またCV法の活動要件は内部行為適用除外（外部行為反トラスト法適用）である．これに対して独禁法24条はCV法1条の内部行為適用除外を継受する一方，立法過程の後半で外部行為適用除外と但書が付加されており，内部行為但書控除適用除外であり，外部行為但書控除適用除外である．その結果，アメリカ法の「ある組織によってなされた行為であって，他の組織によってなされれば違法となる行為を，適法にするものではない」(Jones上院議員の発言，キング事件判決)という重要な原則や組合と第三者との価格協定は適用除外されないという判例法（ボーデン事件連邦最高裁判決，1939年）が継受されなかったといえよう．この結果，一般企業が行えば独禁法違反になる外部行為を協同組合が行えば，但書の該当しない範囲で適用除外されるという不平等な結果が生まれることになった．またCV法の活動要件は共同の販売機関を認めているのに対して，独禁法24条は明文で連合会の行為を認めている．またCV法は員外利用を制限しているが，独禁法24条には規定がない．

　第6にCV法2条は農務長官の排除措置命令について定めているが，独禁法24条にはこのような規定はない．CV法2条の排除措置命令は制定以降一度も発出されたことはなく，無機能化していたので，継受されなかったの

であろうか．ただしCV法2条の「不当な対価引き上げ」という発動要件の一部は，独禁法24条の活動要件の一部に転用されたことは確かである．

以上のように独禁法24条は全体としてCV法1条を継受したとはいえ，詳細にみると両者の間にはかなりの差異があることがわかる．本稿の課題からみれば，独禁法24条の活動要件が外部行為まで拡大され，外部行為但書控除適用除外になったことが問題である．

6 外部行為適用除外付加の理由

最後に独禁法24条に外部行為適用除外が付加された理由を検討しよう．1947年1月前後の農林省と反トラスト・カルテル課の折衝により農林省の主張が反トラスト・カルテル課に受け入れられていくが，農林省がなぜ外部行為の適用除外を必要としたのか，その理由は明らかでない．また反トラスト・カルテル課（サルウィンは1946年12月4日に着任）がCV法1条やエドワーズ報告書の内部行為適用除外を逸脱し，外部行為適用除外を認めたのか，その理由も明らかでない．

この理由を考えるために，農協法の立法過程に目を向けてみよう[19]．当時，農林省は農協法案についてGHQ天然資源局と折衝する一方，独禁法案について経済科学局反トラスト・カルテル課と折衝していたと考えられる．農林省はGHQ「農地改革に関する覚書」に基づき，農協法案の作成に着手し，第1次案（1946年3月5日），第2次案の1（要綱，6月22日），第2次案の2（法案，9月15日），第3次案（11～12月，天然資源局に未提出）を作成したが，統制色が強く，天然資源局に受け入れられなかった．たとえば第2次案の2は，農業実行組合→市町村農協→都道府県農協→全国農協の4段階制をとり，それぞれ統制事業を行うことができた（市町村農協は非組合員に対する統制もできる）．12月に民生局，天然資源局，経済科学局は農協法案について合意し，天然資源局長が1947年1月15日「農業会の清算及び農業協同組合の設立のための新立法についてのGHQ天然資源局覚書」[20]を和

田農林大臣に指示した．その内容は①食糧集荷のための政府機関の設立，②農協法案が従うべき諸原則，③農業団体法の廃止であり，②には「将来制定さるべき独占禁止法令の制限に従う範囲で，組織及び連合の機会を与える」という内容が含まれていた．そのうち②を担当したのが経済科学局反トラスト・カルテル課であったと考えられる．さらに天然資源局は同年1～2月に農林省に「天然資源局第1次案」[21]を指示した．

他方，当時の農林省の方針は，農業生産に関連する事業を組合の機能の中に組み込むことを重視し，その中心的方策として，字を単位とする農業実行組を農協の下部組織として組織し，実行組合に農業生産に関連する統制機能を付与することであった[22]．そこで農林省は先の覚書に抵抗するが，天然資源局は農林省の法案をことごとく否定し，GHQの方針に忠実に法案を作成せざるを得ないことを認識させたのである（1947年5月15日，天然資源局第2次案）．

同時期に進行した農協法の立法過程と独禁法の立法過程を重ね合わせてみると，同じ覚書に基づく天然資源局の対応と反トラスト・カルテル課の対応は，対照的である．反トラスト・カルテル課はCV法1条やエドワーズ報告書の内部行為適用除外から逸脱して，外部行為適用除外を認めていくのであり，後退的にみえるのである．なぜ反トラスト・カルテル課は外部行為適用除外を認めたのか，その理由も明らかでない．

さらに独禁法の立法担当者は，外部行為適用除外を付加した理由についてどのように説明しているのであろうか．立法担当者の解説書は「組合の行為については，内部行為であると外部行為であるとを問わず，全面的に本法の適用が除外され，その代りに，不公正競争と不当な独占価格の設定行為について，逆に本法を適用する」[23]と述べている．本説は，「組合の行為」に内部行為と外部行為を含めた理由について，「協同組合は，小規模事業者が，その相互団結によって独立の競争単位となるための組織であるという見解を一貫するならば，組合結成行為と組合員と組合間との関係－所謂組合の内部関係についてのみ本法の適用を除外すれば足り，組合が第三者となす取引に

第 6 章　原始独禁法 24 条の立法過程　　　　　　　　　　　143

ついては，本法の適用を除外すべき理由はない」が，「実際問題として，組合の内部行為と外部行為を判別することが必ずしも容易でなく，外部関係についても本法の適用を除外しなければ，組合の活動を円滑に行うことができない」と述べ，①内部行為と外部行為との判別困難性と②組合活動の円滑化をあげている．しかし石井説は，具体的にどのような場合に内部行為と外部行為との判別が困難なのか，なぜ外部行為適用除外を認めないと組合活動が円滑に運営できないのか説明していない．

　もっとも外国法を継受する場合，日本の条件に合わせて修正することはよくあることである．独禁法 24 条は既に検討したように CV 法に比べ，組合員要件の拡大（小規模事業者，消費者），協同組合要件の充実，活動要件の拡大（購買事業その他），排除措置命令の不採用など日本の条件に合わせた修正をしており，これらが協同組合原則からみて不合理とは思えない．それではどのような理由で外部行為適用除外を認める必要があったのか，現時点でその理由を示す資料は見当たらない．要するに独禁法 24 条に外部行為適用除外を付加した理由は，必ずしも明らかでなく，今後の解明を待つほかないのである．

注
1) 「国際協同組合原則と独占禁止法」経営情報学論集 4 号 105 頁（1998），「独占禁止法適用除外制度の成立過程」経営情報学論集 5 号 183 頁（1999）．最近の論文には「原始独禁法における協同組合適用除外規定の成立」JC 総研『協同組合の独禁法適用除外の今日的意義』25 頁（2015），「原始独禁法第 24 条の成立過程：協同組合の適用除外規定の検討」研究年報社会科学研究 35 号 67 頁（2015）がある．
2) 辻清明編『資料戦後二十年史 2 巻 経済』11-12 頁（日本評論社，1966）．大蔵省財政史室『昭和財政史 17 巻資料(1)』26-38 頁（東洋経済新報社，1982）．
3) 大蔵省財政史室『昭和財政史 2 巻 独占禁止』604-605 頁（東洋経済新報社，1982）．
4) 大蔵省財政史室・前掲注 3) 152 頁．
5) 大蔵省財政史室・前掲注 3) 155-156 頁．
6) 「資料エドワーズ調査団の報告書について」公正取引 323 号 18 頁（1977）．
7) 大蔵省財政史室・前掲注 3) 157 頁．

8) 堀越・前掲注 1)「独占禁止法適用除外制度の成立過程」185 頁．
9) 前掲注 6) 18 頁．
10) THOMAS SULLIVAN & HERBERT HOVENKAMP, ANTITRUST LAW, POLICY AND PROCEDURE 889 (2^d ed. 1989), 998 (5th ed. 2003). なお高瀬雅男「独占禁止法 22 条をめぐる諸学説」JC 総研・前掲注 1) 82 頁 17～21 行目の記述が不正確であり，また 92 頁注 (12) の判決の引用が間違っていた．(誤)U.S. v. Maryland Coop Milk Producers, Inc., 145 F. Supp. 151 (D.D.C. 1956))→(正) Maryland & Va. Milk Producers Ass'n v. United States, 362 U.S. 458 (1960)). この場を借りて，本文の該当箇所 (130 頁) のように訂正する．
11) GHQ 経済科学局反トラスト・カルテル課反トラスト立法係主任．なおカイム氏の経歴等については上杉秋則「カイム判事の実像を求めて」公正取引 553 号 30 頁以下 (1996) が詳しい．
12) 総合研究開発機構戦後経済政策資料研究会『財閥解体・集中排除関係資料(2)独占禁止法関係(一)』33 頁，67 頁（日本経済評論社，1998）.
13) 公正取引委員会事務局『独占禁止政策三十年史』34 頁（大蔵省印刷局，1977）.
14) 国際協同組合同盟の定款（目的）と協同組合原則は独禁法適用除外要件と基本的に一致しているという．堀越芳昭「1937 年原則の成立と ICA 定款の展開－独占禁止法適用除外要件の根拠」農協基礎研究 17 号 36 頁（中央協同組合学園，1997）.
15) 前掲注 6) 18 頁．
16) 西村暢史＝泉水文雄「一九四七年独占禁止法の形成と展開」神戸法学雑誌 56 巻 2 号 235 頁 (2006)．
17) 反トラスト・カルテル課反トラスト立法係主任，1946 年 12 月 4 日着任（カイム主任の後任）．
18) 石井良三『独占禁止法　過度経済力集中排除法』300 頁（海口書店，改訂増補版，1948）.
19) 合田公計「占領政策と農協法の成立」『協同組合奨励研究報告』17 輯 265-310 頁 (1991) を参照した．
20) 小倉武一ほか『農協法の成立過程』111-113 頁（協同組合経営研究所，1961，2 刷 2008）.
21) 小倉・前掲注 20) 117-126 頁．
22) 合田・前掲注 19) 294 頁．
23) 石井・前掲注 18) 301 頁．

第7章　適用除外学説と公取委の法運用

1　はじめに

　本章の課題は，課題(iii)のアメリカ反トラスト法適用除外立法の到達点と独禁法24条の立法過程を踏まえつつ，独禁法24条（2000年以降は22条）に関する諸学説（以下「適用除外学説」という）が，適用除外の根拠と範囲をどのように考えているのか，また公取委がどのような法運用を行っているのかを明らかにすることである．

　なお課題の検討に先立って，立法過程からみた原始独禁法24条の立法者意思を確認しておこう．第1に「組合の行為」であるが，これは立法過程において内部行為適用除外に外部行為適用除外と但書が付加されたものであるから，内部行為と外部行為を含むことが確認できる．第2に条文の形式であるが，本文（原則）−但書（例外）形式で書かれており，本文＝独禁法の全面的適用除外，例外＝但書に該当する範囲で独禁法適用になるから，但書を控除した範囲が適用除外の範囲になることが確認できる．それゆえ適用除外の範囲は，内部行為但書控除適用除外であり，外部行為但書控除適用除外になる．

　それでは内部行為但書控除適用除外や外部行為但書控除適用除外とはどのような適用除外なのであろうか．この問題を考えるうえで参考になるのが，竹中喜満太氏の学説整理[1]である．竹中氏は24条の「組合の行為」について，つぎの2つの説（立場）があるという．

第1説は,「組合の行為」を組合内部の行為に限るものであって, この立場をとれば,「一定の取引分野における競争を実質的に制限することにより不当に対価を引き上げることとなる場合」(但書後段)とは, たとえば組合の行為として組合員全員の協定(内部行為, 筆者注)によってかかる結果を生じた場合であるという. この説明だけでは理解しにくいが, これに近い最近の例として八重山地区生コン協組事件(1998年)をあげることができる. 裁判所は「石垣島内において生コンクリートの出荷シェアは原告(生コンの共同販売事業を行う八重山地区生コン協組, 筆者注)がほぼ独占したことが認められ,『一定の取引分野における競争を実質的に制限する』結果となっていた」[2] と認定している.

　第2説は,「組合の行為」を組合内部の行為と組合の外部に対する行為とを問わず組合の一切の行為を含むものであって, この立場をとれば但書後段の場合, たとえば組合と第三者の協定によって但書後段の結果を生じた場合をいうとする. 第2説は組合と第三者との協定, すなわち外部行為が但書に該当する場合を説明しているのであって, これに内部行為を含めるのは不適切と思われる. すると竹中氏の第2説の整理には問題があり, 第1説が内部行為但書控除適用除外の説明であり, 第2説が外部行為但書控除適用除外の説明であると考えられる. 独禁法24条の立法者意思を上記のように理解したうえで, 先に進むことにしよう.

2　適用除外制度の変遷と主要論点

(1)　適用除外制度の変遷

　学説の検討に先立って, 独禁法適用除外制度がどのように変遷したのか確認しておこう. 事業者である協同組合の適用除外を定める独禁法24条は, 不公正な競争方法が不公正な取引方法に改正された以外に実質的に改正されることはなかったのに対して, 事業者団体である協同組合の適用除外を定める法律は, しばしば改廃された. 以下, それぞれの時期における適用除外の

第7章 適用除外学説と公取委の法運用　　　147

範囲と主要な論点を確認しておこう．

第1期　原始独禁法24条のみの時期（1947〜48年）

　この時期は短いが，原始独禁法が事業者のみ規制した時期である．独禁法は，事業者の行う私的独占（2条3項），不当な取引制限（2条4項），不公正な競争方法（2条6項）を禁止（3条，19条）するとともに，不当な取引制限の予防として，特定共同行為（4条），私的統制団体（5条）を禁止していた．他方，事業者である組合の行為や事業者である組合員の共同行為は，24条但書に該当しない範囲で適用を除外された．

　この時期の学説には，独禁法制定に携わった人たちの学説[3]がある．これらの学説は，24条を但書控除適用除外として解説したもので，制定当時の立法者意思を反映している．

第2期　独禁法24条と事業者団体法6条が併存した時期（1948〜53年）

　この時期も短いが，事業者団体法（1948年法律191号）が制定され（施行は1948年7月29日），事業者団体の一定の行為が規制されることになった．協同組合は事業者である組合と事業者団体である組合に分けられ，前者の組合の行為は，独禁法24条により但書を控除した範囲で適用除外される一方，後者の組合の行為は，事業者団体法6条により全面的に適用除外されることになった．ここに，同じ協同組合の行為でありながら，事業者である組合の適用除外の範囲と事業者団体である組合の適用除外の範囲が異なる二重基準問題の原因が作り出された．

　また中小企業等協同組合法（1949年法律181号）の施行に伴って，中小企業庁が「事業協同組合運営指針」を通達した（1951年6月21日，26企庁第1531号）[4]．これは，中小企業等協同組合法を所管する中小企業庁が，①価格協定などの協定事業が共同事業（共同施設）に含まれ，②協定事業は独禁法24条但書に該当しない範囲で，適用除外されるという運用基準を明らかにしたものである．ここに事業協同組合の価格協定が，共同施設に含まれる

のか，適用除外の対象になるのかという価格協定問題の遠因が作り出された．

　この時期の学説であるが，竹中喜満太氏が，前述のとおり 24 条の適用除外をめぐる解釈内部行為適用除外説と但書控除適用除外学説を簡潔に紹介している．

第 3 期　独禁法 24 条と適用除外法 2 条が併存した時期（1953〜99 年）

　この時期は，40 数年の長きにわたる．1953 年に事業者団体法が廃止され，同法 5 条の事業者団体規制が整理され，独禁法 8 条の事業者団体の活動規制に組み込まれた．また事業者団体法 6 条の適用除外が適用除外法（私的独占の禁止及び公正取引の確保に関する法律の適用除外等に関する法律，1953 年法律 259 号による改正，以下「適用除外法」という）2 条の適用除外に組み込まれ，事業者団体である協同組合は 8 条の適用が全面的に除外されることになった．二重基準問題の継続である．二重基準問題をいかに解消するのか，以後 40 数年にわたり，経済法学界をあげて議論されることになった．同時に 4 条，5 条が削除され，不当な取引制限の予防規定がなくなった．

　この時期の法運用であるが，雪印乳業・農林中金事件審決が問題視された．本審決は雪印乳業，北海道バターの行為に私的独占（3 条前段）を適用する一方，農林中金と北信連の行為は組合の行為として私的独占の適用を除外し，不公正な取引方法（19 条）を適用した．以降，公取委の一般企業に対する私的独占適用の消極的運用と相まって，市場占有率の高い協同組合の行為にも私的独占を適用せず，不公正な取引方法を適用するといった法運用が続くことになった．

　また，この時期は，高度成長に伴う消費者物価上昇が社会問題になった時期であり，その一因として事業協同組合の価格協定が問題視された．公取委は「事業協同組合の価格協定事業が但書後段に該当する場合，8 条 1 項 1 号に違反する」との見解を発表し，但書に該当しない範囲で価格協定を容認した[5]（中小企業庁の 1951 年通達と同じ水準）．ここに価格協定問題の原因が作り出された．

なおこの時期は，適用除外学説が体系化された時期でもあった．但書控除適用除外説の立場，解釈内部行為適用除外説の立場から，それぞれ学説が発表された．

第4期　独禁法22条に一元化された時期（1999年〜現在）
　1999年，規制緩和政策の一環として適用除外法が廃止され，事業者団体である組合の行為も「組合の行為」に含まれることになった．適用除外制度は独禁法22条に一元化され，二重基準問題は立法的に解決された．これによって二重基準問題や価格協定問題の陰に隠れていた適用除外の根本問題，すなわち内部行為適用除外か，但書控除適用除外かの対立が顕在化することになった．

　以上，独禁法60数年の歴史の中で，適用除外制度の問題として論じられてきた主要な論点は，①24条の適用除外は，内部行為適用除外か，内部行為・外部行為但書控除適用除外か，②独禁法24条の適用除外の範囲と適用除外法2条の適用除外の範囲が異なる二重基準問題をどのように解消するか，③市場占有率の高い組合の行為であるのにもかかわらず，不公正な取引方法該当とされても，私的独占該当とはされない問題，④協同組合の価格協定は，各種協同組合法の共同施設に含まれるのかという問題の4つの論点であった．このうち長年論じられた②は，1999年の適用除外法廃止により立法的に解決された．その結果，①の24条の適用除外は，但書控除適用除外か，内部行為適用除外か，という適用除外の根本問題を論じる環境が整ったのである．

3　適用除外学説の検討

(1)　学説の整理

　多数ある適用除外学説を整理（類型化）し，比較検討する場合，どのような基準を設定すればよいのであろうか．舟田正之教授は「組合の行為」を実

質的に独立の要件と解するかどうかで学説を整理しており[6]，参考になる．筆者は，24条の「組合の行為」を内部行為に限定するのか，内部行為と外部行為を含めるのかによって学説を整理することが，アメリカ法や独禁法の立法過程とも関連づけることができ，有効であると考える．なお本稿で引用する根岸哲＝舟田正之『独占禁止法概説』（5版）において22条の執筆者が表記されていないので，本稿では根岸＝舟田説を含めて舟田説と表記する．

そこで本章では，諸学説を，①但書控除適用除外説，②解釈内部行為適用除外説に区分し，それぞれの代表的な学説の適用除外の根拠と範囲を検討する．なお学説の紹介に際しては，思わぬ誤解や誤りがあるかもしれないので，ご海容願いたい．

(2) 但書控除適用除外説の検討
(a) 石井説

但書控除適用除外説は，立法過程の中で生まれた但書控除適用除外をそのまま受け入れ，条文に即して文理解釈するもので，独禁法制定に携わった人たちが解説書で唱えた学説である．その内容を最も詳細に述べているのが石井説である．

第1に適用除外の根拠であるが，石井説[7]は小規模事業者が資本主義的大企業と「同一の出発点に立ち」効果的な競争ができるよう小規模事業者に相互団結による独立の競争単位の形成を認めることは，公正且つ自由な競争を実質的に促進するために是非とも必要であるという．

第2に適用除外の範囲であるが，石井説は「組合の行為については，内部行為であると外部行為であるとを問わず，全面的に本法の適用が除外され，その代りに，不公正競争と不当な独占価格の設定行為について，逆に本法を適用する」と述べ，内部行為，外部行為を含む「組合の行為」が但書に該当しない範囲で適用除外されるという．これは内部行為但書控除適用除外であり，外部行為但書控除適用除外である．

石井説の意義は，立法過程での「組合内部の行為」から「組合の行為」へ

の変更と但書の付加をそのまま受け入れ，条文に即して文理解釈するところにある．そして石井説の独立競争単位論は，その後の学説に大きな影響を与えた．他方，石井説にはいくつか問題点を指摘することができる．

第1に石井説は，「組合の行為」に外部行為も含めており，アメリカ法の知見によればCV法1条，エドワーズ報告書の内部行為適用除外の範囲を超えていることである．そして「組合の行為」に外部行為を含めた理由が必ずしも明らかでないことである．

その結果，第2に組合と第三者との取引，すなわち組合の外部行為については，但書の解釈如何にもよるが，但書後段を競争制限＋不当な対価引き上げと解釈すると，私的独占や不当な取引制限の違法要件（取引制限）が含まれ，これらの行為が適用除外されるおそれがあることである．その実例が後に述べる（159頁）雪印乳業・農林中金事件（1956年）における農林中金及び北信連の私的独占該当行為の適用除外である．

(b) 新但書控除適用除外説

1980年代以降，但書控除適用除外説に舟田説[8]や白石説[9]が加わった．特に舟田説は，独禁法24条の但書控除適用除外の範囲が広すぎるところから，これを解釈によって縮小しようとしており，注目される．第1に適用除外の根拠であるが，舟田説は有効な取引単位・競争単位として自立できない小規模事業者等による協同組合の結成・組織化が，大企業の力の濫用の抑止，独占形成の阻止と消費者・小規模事業者の実質的な「取引の自由」の確保になるという[10]．

第2に適用除外の範囲であるが，本説は「組合の行為」を実質的に独立の要件とは解さず，組合の行う行為のすべてと解し，適用除外の範囲を但書の解釈によって限定しようとする．すなわち但書後段の「対価を引き上げることとなる場合」とは，抽象的危険性があれば足りるものとし，「一定の取引分野における競争を実質的に制限すること」が認定されれば，一般には「対価を引き上げることとなる場合」に該当するという[11]．これによれば「組合

の行為」には内部行為と外部行為が含まれることになり，それぞれ但書の解釈によって適用除外の範囲が限定されることになる．

また「不当に」[12]とは，①組合による対価引き上げが支配的資本・大企業との対抗関係を前提とした行為としてとらえ得る場合は「不当」とはされず，消費者を相手に行う価格協定などは「不当」と判断されるという．これは組合の内部行為を前提としたものと考えられ，大企業への対抗行為は「不当」とはされないが，消費者に対する価格協定（内部行為）は「不当」と判断されるという．また②事業者である組合と他の事業者とのカルテルは，組合に結集して形成された取引力を他の事業者との結合によってさらに強化し反競争的行為に向かうので，協同組合の基本的趣旨に反し，不当性が認められるという．これは事業者である組合と他の事業者との外部行為を前提としたものと考えられる．

舟田説の意義は，但書控除適用除外の立場に立ちつつ，特に24条の外部行為但書控除適用除外の範囲が広すぎるところから，これを但書の解釈によって制限するところにある．本説は上記のような解釈によって適用除外の範囲を狭め，後述の多数説とほぼ同様の結論を得ようとしており[13]，内部行為適用除外を指向しているようにみえる．

(3) 解釈内部行為適用除外説の検討
(a) 学説の概要

解釈内部行為適用除外説は，「組合の行為」を各種協同組合法の共同経済事業又は列挙事業・内部行為に限定解釈し，「組合の行為」に該当しない行為に対して独禁法を直接適用するという学説である．解釈内部行為適用除外説は，現在，学界の多数説[14]を占めている．以下，代表的な学説として糸田説，馬川説，村上説，栗田説における適用除外の根拠と範囲を検討しよう．

(b) 糸田説

最初に解釈内部行為適用除外説を体系的に述べたのは，糸田説であろう．

第1に適用除外の根拠について，糸田説[15]は有効競争単位・取引単位の形成による公正自由競争促進の主体形成と解している．第2に適用除外の範囲であるが，糸田説は事業者である「組合の行為」を，①各種協同組合法に基づく行為や②組合に「固有な行為」に区分し，限定解釈する．すなわち①では組合を通じて行う価格協定は，準拠法の共同施設ではないとして「組合の行為」から除外し，②では組合と他の事業者との共同行為や本来の目的に反した団体協約を締結する行為を「組合の行為」から除外し，いずれも独禁法を直接適用する．第3に24条但書の位置づけであるが，糸田説は24条但書を「組合の行為に含まれないもののうち，そのことが明らかなものを列挙したもの」[16]と位置づけ，但書前段は，主として組合の組織強制や地位の濫用を規制し（大阪ブラシ工業組合事件や浜中村農協事件を例示），但書後段は，独占や取引制限の状態を利用して相互扶助や大企業に対する自衛の範囲を超えて共同行為をすることによって，独占利潤を確保するような場合が該当するという．糸田説は適用除外の根拠が多元的である点に特徴がある．

(c) 馬川説

第1に適用除外の根拠であるが，馬川説[17]は「組織された事業者」（組合，筆者注）としての規模拡大，経済的地位引き上げが，大企業の支配的地位の相対的低下効果をもつことに求める．第2に適用除外の範囲であるが，馬川説は「組合の行為」を各種協同組合法の列挙事業を行うための「組合員の共同行為」，「組合の内部行為」，「共同経済事業の実施に係わる（組合の）行為」と限定解釈し，外部行為には独禁法を直接適用する．そして本来の適用除外は組合の内部行為に4条，5条の適用を除外することにあるから，3条を適用し（4条，5条の適用を除外するために），但書後段を「競争を実質的に制限する<u>こととなる場合</u>」（下線は筆者）プラス「不当に対価を引き上げることとなる場合」と解し，内部行為の適用除外の範囲を限定する．馬川説は内部行為適用除外の範囲を最も狭く解する点に特徴がある．

(d) 村上説

村上説[18]は，メリーランド＆バージニア事件連邦最高裁判決（1960年）の単一事業体説[19]を基礎に，22条本文をCV法1条に，但書をCV法2条に対応させて，解釈するところに特徴がある．第1に適用除外の根拠であるが，村上説は小規模事業者などは，組合形態によって大企業の事業活動に対抗できるので，協同組合の活動は一般的に競争促進的であるところに求める．第2に適用除外の範囲であるが，村上説は「組合の行為」を組合法の共同経済事業に限定解釈し，3条後段の適用を除外する．共同経済事業を超える行為は「組合の行為」ではなく，3条，19条，8条が直接適用されるという．第3に但書の位置づけであるが，村上説は但書前段は不要な規定であり，但書後段は市場支配力のある組合が，原価や競争価格を大幅に上回る価格を設定する場合に該当し，価格引き下げ命令で対応するという．

(e) 栗田説

第1に適用除外の根拠であるが，栗田説[20]は単独では有効な取引単位たり得ない中小の事業者が団結することで競争力を高め，大企業と対等に取引ないしは競争をできるようになることは，独禁法の基本理念に合致し，競争政策上も望ましいという．第2に適用除外の範囲であるが，栗田説は適用除外になる「組合の行為」を各種協同組合法に基づく行為のみをいい，それ以外の行為は含まれないとする．第3に但書の位置づけであるが，栗田説は但書前段は他の事業者に不公正な取引方法を用いる場合であり，但書後段は適用除外の趣旨からみて競争制限により不当に対価引き上げをもたらすような行為までは適用除外されないという．表現は多少異なるが，これが現在の標準的な解釈内部行為適用控除説ではなかろうか．

(f) 意義

以上みられるように解釈内部行為適用除外説は多様であるが，共通点もある．第1に適用除外の根拠であるが，概ね大企業と小規模事業者との格差を

問題視し，大企業への対抗や対等取引のため小規模事業者の結合による有効な独立競争単位・取引単位の形成を認める点である．第2に適用除外の範囲であるが，「組合の行為」を各種協同組合法の共同経済事業又は列挙事業・内部行為と限定解釈し，これに該当しない行為は「組合の行為」でないとして独禁法を直接適用する点である．

　本学説は，CV法1条，エドワーズ報告書の内部行為適用除外をのぞましい適用除外と考えたのであろうか，「組合の行為」を各種協同組合法の共同経済事業又は列挙事業・内部行為に限定解釈し，内部行為適用除外を強く指向していることである．この考え方を徹底すれば，外部行為である組合の不当な取引制限だけでなく，私的独占や不公正な取引方法も「組合の行為」でないとして，独禁法が適用されることになる（馬川説，村上説）．しかしそこまで徹底する学説は少なく，多くの学説は外部行為である不公正な取引方法が但書前段に該当するので独禁法が適用されるとする．

　本学説は，大変工夫された学説であるが，そうであるだけに若干疑問も残る．第1に適用除外される範囲が予測しにくいことである．24条は本文（原則）－但書（例外）形式で書かれており[21]，「組合の行為」は但書に該当しない範囲で適用除外されると読むのが通常である．しかし解釈内部行為適用除外説はそうは読まず，その行為は「組合の行為」でないから独禁法が直接適用されると読む．これは通常の読み方とは相当異なっており，適用除外の範囲を予測しにくい．

　第2に適用除外の範囲の決め方が逆ではないかということである．本学説は，各種協同組合法の共同経済事業又は列挙事業・内部行為を「組合の行為」と解し，24条の適用除外の範囲を各種協同組合法の事業に連動させている．適用除外の範囲を独禁法側が決めるのではなく，各種協同組合法側が決めるというのである[22]．

　24条の母法であるアメリカの反トラスト法適用除外立法は，反トラスト法の違法性判断基準である合理の原則の立法化として制定されたもので，反トラスト法側で協同組合の適用除外の範囲を限定してきたのである．わが国

でも，原始独禁法24条が制定され，適用除外の範囲が確定してから，各種協同組合法が制定されたという経緯がある．

　本学説は，協同組合の価格協定は各種協同組合法の共同経済事業又は列挙事業・内部行為に，したがってまた「組合の行為」に含まれず，独禁法が適用されると主張する．しかし中小企業等協同組合法を所管する中小企業庁の1951年通達「事業協同組合運用指針」は，「価格協定などの協定事業は共同事業（共同施設）に含まれる」と述べ，公取委もこれを長年受け入れてきた経緯がある．適用除外の範囲を独禁法側（公取委）でなく，組合法側（中小企業庁）で限定するというのであれば，この問題の克服は困難になる．

　なお本学説は未だ裁判所の判断を受けていないことである．2013年独禁法改正で審判手続が廃止され，排除措置命令に不服のある者は抗告訴訟を提起することになったので，今後，本学説について裁判所の判断が示されるかもしれない．

　以上，但書控除適用除外説と解釈内部行為適用除外説を検討してきたが，後者が内部行為適用除外を指向しているだけでなく，前者も内部行為適用除外を指向しているようにみえる．

4　公取委の法運用の検討

(1)　農協ガイドラインの検討

　つぎに公取委の22条（24条）の法運用について検討する．初期の法運用は，24条の組合員要件や協同組合要件を欠く不適格組合の行為に独禁法を適用する事例や，適格組合の行為であっても不公正な取引方法（19条）を適用する事例が多かった．しかし1960年代から徐々に適格組合の行為に不当な取引制限（3条後段）を適用する事例もみられるようになり，さらに適用除外法が廃止された2000年以降，事業者団体の活動規制（8条）を適用したり，私的独占（3条前段）を適用する事例もでてきた．

　そこで本章は，これまでの公取委の法運用を，①「農業協同組合に対する

独占禁止法上の指針」（2007年，以下「農協ガイドライン」という）及び②適格組合に独禁法が適用された代表的な事例を素材に，検討しよう．まず農協ガイドラインであるが，これは農協のどのような行為が不公正な取引方法に該当し，独禁法上問題になるのかを示したもので，つぎの3つの命題から構成されている（第2部第1の3）．

(i)「単位農協及び連合会が，共同購入，共同販売，連合会及び単位農協内の共同計算を行うことについては，独占禁止法の適用が除外される」．
(ii)「不公正な取引方法を用いる場合，又は一定の取引分野における競争を実質的に制限することにより不当に対価を引き上げることとなる場合には，適用除外とならない」．
(iii)「単位農協が事業者としての立場で他の事業者や単位農協と共同して，価格や数量の制限等を行うこと（カルテル）等は，独占禁止法22条の組合の行為とはいえないことから，適用除外とはならない」．

(i)と(iii)を合わせ読むと，組合の共同購入，共同販売，共同計算などの内部行為は，「組合の行為」に該当し，独禁法の適用が除外されるという．他方，組合が他の事業者又は組合と行う価格協定等の外部行為は，「組合の行為」に該当せず，適用除外とはならないという．この部分について，農協ガイドラインは，解釈内部行為適用除外説に依拠しているようにみえる．それでは外部行為である不公正な取引方法は「組合の行為」に該当せず，適用除外にならないのか．これに対応するのが(ii)であり，不公正な取引方法を用いる場合は，但書前段に該当し，適用除外とはならないという．この部分は馬川説，村上説のように「組合の行為」ではないから独禁法が直接適用されるという徹底した見解は採らず，多数説のように但書前段に該当するから独禁法が適用されるという見解をとっているようである．すると農協ガイドラインは，全体として解釈内部行為適用除外説に依拠しているようにみえる．

(2) 事例の検討

つぎに【資料6】により，行為類型別に適格組合の代表的な独禁法違反事例及び適用除外の理由に関する担当官解説について検討しよう．なお担当官解説は公取委の公式見解ではない．

[1] 不公正な取引方法（19条）：事例は多数ある．岡山県南生コン協組事件[23]や奈良県生コン協組事件[24]の担当官解説は，但書前段に該当し，適用除外にならないと述べている．

[2] 私的独占（3条前段）：2014年12月の福井県経済連事件まで，3条前段が適用された事例はなかった．そこで学説は，不公正な取引方法に該当した事例のうち，市場占有率の高い事例（雪印乳業・農林中金事件[25]，全販連

【資料6】適格組合の行為に独禁法が適用された代表的事例（数字は審決・命令年）

行為類型	事　例	担当官解説
[1] 不公正な取引方法（19条）	・事例は多い→1957浜中農協事件，1975奈良県生コン協組事件，1976斐川町農協事件，1981岡山県南生コン協組事件など	・但書に該当し，適用除外にならない
[2] 私的独占（3条前段）	・2015福井県経済連事件	
	（①1956雪印・農林中金事件，1963全販連事件，1981大分県酪農協事件，1990全農事件）	・①「協同組合だから」3条前段の適用を除外し19条を適用
[3] 不当な取引制限（3条後段）組合と第三者の価格協定等	・1964岩谷産業事件，1973富山県生コン協組事件，1995愛知県東部建設業協組事件	・組合法列挙事業でないので「組合の行為」でない
[4] 不当な取引制限（3条後段）組合間の価格協定等（3条後段）	・1980大阪地区生コン協組事件	・根拠を明らかにせずと解説
	・2014山形県庄内地区5農協事件（警告）	・農協ガイドラインにより「組合の行為」でない
[5] 事業者団体の活動規制（8条1号）組合の価格協定	・1963都パン連事件	
	・2012紀州田辺梅干協組事件（警告）	・組合法列挙事業でない→「組合の行為」でない
	・2015網走協組事件	・法の適用欄に「組合の行為」でないと明記

第7章 適用除外学説と公取委の法運用　159

事件[26]，大分県酪農協事件[27]，全農事件[28]など）は，不公正な取引方法を用いた私的独占に該当し，独禁法を適用すべきであったと批判する．

特に雪印乳業・農林中金事件には2つの論点がある．第1は農林中金と北信連の行為が私的独占の適用を除外され，不公正な取引方法に該当するとされたことである．本審決は，雪印乳業と北海道バターは私的独占に，農林中金と北信連は不公正な取引方法に該当するとした．後者が不公正な取引方法に該当するとされた理由について，担当官解説は1つの考え方として「協同組合だから」但書後段により私的独占の適用を除外し，不公正な取引方法を適用したと述べている[29]．この事例が4社の結合・通謀による私的独占と構成できる場合，同じ行為が一方事業者には私的独占に該当し，他方事業者には不公正な取引方法に該当するのでは，法の適用が不平等になる．

第2は農林中金と北信連の行為に私的独占の適用を除外した理由である．雪印乳業と北海道バターの北海道内の集乳量は約80％であり，私的独占に該当するとされた．他方，農林中金及び北信連については24条但書後段の「一定の取引分野における競争を実質的に制限することにより不当に対価を引き上げることとなる場合」に該当せず，適用除外されたことである．一方で集乳量が約80％で私的独占に該当し，他方で私的独占の適用が除外されている．但書後段の解釈にもよるが，本件は私的独占の違法要件（競争制限）を超えて但書後段を競争制限＋不当対価引き上げと解しており，但書後段の適用除外要件のハードルは高いといわざるをえない．

福井県経済連事件[30]は，単協の特定共乾施設工事の指名競争入札に際して，施主代行者である福井県経済連が入札参加者に対して受注予定者を指定し，入札参加者に入札価格を指示し，入札参加者の事業活動を支配したことが，私的独占に該当するとされた初めての事例である．但し適用除外されない理由が，「組合の行為」に該当しないからか，但書に該当するからか，明らかでない．

[3] 不当な取引制限（3条後段）：協同組合と他の事業者の価格協定であるが，岩谷産業事件[31]，富山県生コン協組事件[32]など若干の事例がある．富

山県生コン協組事件の担当官解説は，価格協定は組合法列挙事業でなく，「組合の行為」に該当しないから，8条を適用したという．なお愛知県東部建設業協組事件[33]は，価格協定ではなく，組合が入札談合に参加した事例である．協同組合と他の事業者との協定という事例は，事業協同組合によくみられる．類似の事例として，アメリカにも組合と非組合員との価格協定にシャーマン法を適用としたボーデン事件連邦最高裁判決[34]がある．

[4] 不当な取引制限（3条後段）：協同組合間の価格協定であるが，大阪地区生コン協組事件，山形県庄内地区5農協事件（警告）がある．大阪地区生コン協組事件[35]は，事業者である生コン協組間の生コンの販売価格協定が不当な取引制限に該当するとされた最初の事例である．山形県庄内地区5農協事件（警告）[36]は，事業者である庄内地区5農協が，米の委託販売手数料を決定した事例で，不当な取引制限に該当するとされた事例である．担当官解説は，「農協ガイドライン」（第2部第1の3）を引用し，「組合の行為」ではないとしている．

[5] 事業者団体の活動規制（8条）：協同組合の価格協定であるが，都パン連事件，紀州田辺梅干協組事件（警告），網走協組事件がある．都パン連事件[37]は，都パン連に大企業組合員が加入し，適格組合でなかったので，独禁法が適用されたが，大企業が脱退し適格組合になったので，格別の措置は命じられなかった．そこで学説は，公取委が協同組合の価格協定を適用除外にしていると受け止めている．紀州田辺梅干協組事件（警告）[38]は，事業者団体が共同して組合員の白干梅の購入価格を決定した事例である．担当官解説は，価格協定は組合法列挙事業でなく，「組合の行為」に該当しないとして，独禁法8条を適用している．警告事件ではあるが，事業者団体である協同組合の価格協定に初めて8条が適用された事例である．1951年の中小企業庁通達の呪縛から解放されたかのようにみえる．

網走協組事件[39]は，事業者団体である協同組合の組合員の取引先及び販売価格の決定に8条が適用された初めての事例である．また法令の適用欄に初めて「組合の行為に該当しない」ことが明記された事例である[40]．

(3) 小括

以上，農協ガイドライン，独禁法違反事例及び担当官解説について検討してきた．これらから推測される公取委の法運用は，①事業者である組合と他の事業者又は組合との価格協定などの外部行為の場合や②事業者団体である組合が組合員の販売価格等を決定した場合，「組合の行為」に該当せず，独禁法を適用しており，解釈内部行為適用除外説に依拠しているようにみえる．他方③組合が不公正な取引方法を用いるなど外部行為の場合，「組合の行為」に該当しないとはいわず，22条但書前段に該当するとして独禁法を適用している．

なお公取委は長年にわたり但書前段に該当する場合を除き，適用除外の理由を示さない法運用をしてきた．しかし網走協組事件において初めて法の適用欄に販売価格等の決定が「組合の行為」に該当しないことを明記した．これによって公取委の法運用が全体として解釈内部行為適用除外説に依拠し，内部行為適用除外を指向していることが明らかになったといえよう．

5 まとめ

本章では，独禁法24条の立法過程を踏まえ，「組合の行為」と「但書」をめぐる適用除外学説の対立と公取委の法運用について検討した．これをまとめればつぎのようになる．

第1に原始独禁法24条の立法者意思であるが，内部行為適用除外に外部行為適用除外と但書が付加されたという立法過程の経緯と本文（原則）－但書（例外）の形式から，24条は内部行為但書適用除外及び外部行為但書控除適用除外を規定しているものと考えられる．その結果，解釈にもよるが，但書後段を文理解釈すると，競争制限＋不当対価引き上げと解することができ，私的独占や不当な取引制限の違法要件も含む広範な適用除外になることである．このような解釈は全く架空の解釈とはいえず，現に雪印乳業・農林中金事件で採られた解釈であった．

第2に上記の内部行為但書控除適用除外・外部行為但書控除適用除外に，さらに事業者団体法6条，その後は適用除外2条により事業者団体である協同組合への全面的適用除外が付加されたことである．その結果，日本の適用除外制度は，アメリカの内部行為適用除外に比べ，外部行為但書控除適用除外と事業者団体である協同組合への8条全面的適用除外という2つのものが付加され，解釈・運用が難しい制度になったことである．

　第3に適用除外学説であるが，学説は解釈・運用の難しい適用除外制度の解釈に取り組み，新但書控除適用除外説や解釈内部行為適用除外説を生み出したことである．後者は内部行為適用除外を指向しており，前者もこれを指向しているようにみえる．

　第4に公取委の法運用であるが，試行錯誤を繰り返しながら，解釈・運用の難しい適用除外制度の運用に取り組んだ．その到達点が適用除外の根拠を示さない法運用である．しかし農協ガイドラインや独禁法適用事例をみると，少なくとも一部では解釈内部行為適用除外説に依拠しているようにみえる．そして公取委は網走協組事件において，法令の適用欄において「組合の行為に該当しない」と明記し，解釈内部行為適用除外説を採ることを明らかにした．学説も公取委の法運用も，内部行為適用除外を指向している．

注

1)　竹中喜満太「独占禁止法第24条の『組合の行為』について」公正取引13号10-11頁（1951）．なお竹中氏は当時，公取委職員であり，後に事務局長になった．
2)　本件は，組合が行う生コンの共同販売事業から脱退したいと申し出た組合員に対して，脱退は年度末まで認めないとし，これに違反して脱退した者に懈怠金を課したことが，独禁法3条，8条1項1号，19条に違反しないとされた事例である．那覇地裁石垣支部判平9・5・30判時1644・149（1998）．
3)　石井良三『独占禁止法　過度経済力集中排除法』294-301頁（海口書店，改訂増補版1948），商工省企画室『独占禁止法の解説』46-47頁（時事通信社，1947），橋本龍伍『独占禁止法と我が国民経済』62-65頁（日本経済新聞社，1947）．
4)　「第七　共同行為について　二　各則　（十三）各種の協定事業
　（1）組合員をして適正価格の維持を目的とした諸種の組合統制に服せしめる事業としては，価格の協定，生産分野分野の協定，販路の協定，生産調整等の事業が

ある．
(2) 本事業は，その内容が「私的独占の禁止及び公正取引の確保に関する法律」第24条にいう不公正な競争方法又は不当な対価引き上げ手段となる取引制限方法にならない限り実施して差支えない」．
中小企業行政研究会編『中小企業関係法令集1』（新日本法規出版，2000）．

5) 「公正取引委員会一年の回顧」公正取引123号11頁（1960）．
6) 舟田正之「協同組合と独占禁止法」経済法学会編『独占禁止法講座　III』230頁（商事法務研究会，1981），根岸哲＝舟田正之『独占禁止法概説』382頁（有斐閣，5版，2015）．
7) 石井・前掲注3) 299-301頁．
8) 前掲注6) の文献及び舟田正之「組合の行為」根岸哲編『注釈独占禁止法』551-563頁（有斐閣，2009）．
9) 白石忠志『独占禁止法』335-339頁（有斐閣，2006）．
10) 根岸＝舟田・前掲注6) 概説375頁．
11) 根岸＝舟田・前掲注6) 概説387頁．
12) 根岸＝舟田・前掲注6) 概説387-388頁．
13) 根岸＝舟田・前掲注6) 概説381頁．
14) 糸田省吾「協同組合」正田彬編『カルテルと法律』217-229頁（東洋経済新報社，1968），馬川千里「独占禁止法の適用除外としての協同組合の一考察(1)～(5完)」熊本商大論集37号61-83頁（1972），38号29-52頁・39号197-222頁・40号1-24頁（1973）・41号67-91頁（1974），来生新「第24条」今村成和ほか『注解経済法　上巻』502-511頁（青林書院，1985），実方謙二『独占禁止法　有斐閣法学叢書4』420-425頁（有斐閣，1998），村上政博『独占禁止法』65-68頁（弘文堂，3版，2010），和田健夫「協同組合」岸井大太郎ほか『経済法』159-161頁（有斐閣，8版，2016），土田和博「協同組合に対する適用除外（22条）」金井貴嗣ほか『独占禁止法』465-471頁（弘文堂，5版，2015）など．
15) 糸田省吾「第24条」厚谷襄児ほか編『条解独占禁止法』431-438頁（弘文堂，1997）．
16) 糸田・前掲注15) 438頁．
17) 馬川千里「協同組合と独禁法の適用除外」駿河台法学17巻2号12頁，14頁，17頁，19頁，24頁（2004），「協同組合と独禁法22条」駿河台法学18巻2号7頁，9-10頁，19頁，28頁（2005）．
18) 村上政博「協同組合の活動に対する規制」判例タイムズ1368号48-51頁（2012）．
19) Maryland and Virginia Milk Producers Association v. United States, 362 U.S. 458 (1960). 本件は，ミルク生産者組合が，①シャーマン法2条に違反してミルク販売の独占を企画し，独占した，②シャーマン法3条に違反して，高価格で元競争者の資産を買収し競争を締め出す共同行為に従事した，元競争者から競争し

ない合意を手にいれた，元競争者と結びついた農民に被告組合に参加するか別の首都圏に出荷するのか圧力をかけた，③クレイトン法 7 条に違反して資産を取得したという事件である．連邦最高裁は，「カッパー＝ヴォルステッド法とクレイトン法第 6 条に共通する哲学は，1 つの事業体として活動する農業協同組合を通じて，商人たちが事業体としての会社組織を通じて活動することで得ている利益と責任が，個々の農業者にも単純に与えられるべきである」という単一事業体説を述べている．

20) 栗田誠「22 条【組合の行為】」土田和博ほか『条文から学ぶ独占禁止法』241-244 頁（有斐閣，2014）．
21) 林大ほか『法律類語難語辞典』156-157 頁（有斐閣，新版，1998）．
22) 舟田・前掲注 6) 講座 225 頁，根岸＝舟田・前掲注 6) 概説 381 頁．
23) 勧告審決　昭 56・2・18 審決集 27・112，谷村吉弘「協同組合の不公正取引事件」公正取引 368 号 42 頁（1981）．
24) 勧告審決　平 13・2・20 審決集 47・359，新開勝久ほか「奈良県生コンクリート協同組合による独占禁止法違反事件について」公正取引 606 号 87 頁（2001）．
25) 審判審決　昭 31・7・28 審決集 8・12．
26) 勧告審決　昭 38・12・4 審決集 12・39．
27) 勧告審決　昭 56・7・7 審決集 28・56．
28) 勧告審決　平 2・2・20 審決集 36・53．
29) 伊従寛「農林中央金庫外三名の独占禁止法違反事件について」公正取引 75 号 32 頁（1956）．
30) 排除措置命令　平 27・1・16 審決集 61・142．関尾順市ほか「福井県経済農業協同組合連合会に対する排除措置命令等について」公正取引 777 号 72 頁（2015）．
31) 勧告審決　昭 39・2・13 審決集 12・81．
32) 勧告審決　昭 48・3・29 審決集 19・192．
33) 勧告審決　平 7・8・8 審決集 42・134．
34) 308 U.S. 188（1939）．
35) 勧告審決　昭 55・2・13 審決集 26・110．
36) 田中久美子ほか「山形県庄内地区に所在する農業協同組合に対する警告等について」公正取引 770 号 43 頁（2014）．
37) 審判審決　昭 38・9・4 審決集 12・1．
38) 笠原雅之ほか「紀州田辺梅干協同組合及び紀州みなべ梅干協同組合に対する警告について」公正取引 744 号 71 頁（2012）．
39) 排除措置命令　平 27・1・14 審決集 61・138．杉浦賢司ほか「網走管内コンクリート製品協同組合に対する排除措置命令及び同組合の構成事業者に対する課徴金納付命令について」公正取引 776 号 63 頁（2015）．
40) 「座談会　最近の独占禁止法違反事件をめぐって」公正取引 778 号 10 頁［山田］（2015）．

第 8 章 結 論

1 研究の要約

　改めて本研究の課題を確認しよう．本研究は，(i)独禁法22条の母法であるアメリカの反トラスト法適用除外立法の根拠と範囲及び適用除外立法の到達点を明らかにしつつ，(ii)これらがアメリカの対日占領政策を通じて，どのように継受され，原始独禁法24条の立法者意思になったのかを明らかにし，これらを踏まえて，(iii)学説が独禁法22条の適用除外の根拠と範囲をどのように考えているのか，また公取委がどのような法運用をしているのかを明らかにし，(iv)最後に学説の分かれている独禁法22条の適用除外の解釈の方法性を明らかにすることを課題にすることであった．以下，本研究の成果を要約し，適用除外の方向性を考察し，残された課題を確認しよう．

(1)　反トラスト法適用除外立法の根拠と範囲及び適用除外立法の到達点
　アメリカの反トラスト法適用除外立法の適用除外の根拠と範囲を明らかにするためには，反トラスト法の母法であるイギリス・コモン・ローの独占及び取引制限の法理まで遡る必要がある．15世紀における取引制限の法理の違法性判断基準は取引を制限するすべての特約を無効にする原則であったが，19世紀末には合理の原則を採用するに至った（ノーデンフェルト事件判決，1894年）．これによれば制限が合理的と解されれば，契約は無効にならない．
　アメリカでは19世紀後半より独占が形成され，イギリスから継受したコ

モン・ローによる規制が行われたが，限界があり，独占規制を目的とする州反トラスト法，連邦シャーマン法（1890年）が制定された．また同時期に農民の協同組合運動が発展し，シャーマン法制定に貢献した．ところで農協は取引を制限する農民の結合と考えられるところから，農協へのシャーマン法適用が問題になった．当時の連邦最高裁がシャーマン法の違法性判断基準に取引を制限するすべての契約を違法にする原則（文理解釈）を採用したところから（トランス＝ミズーリ事件判決，1898年），裁判所は農協，労組にシャーマン法を執行した．そこでいくつかの州では州反トラスト法適用除外立法を制定したが，連邦最高裁は同法が特定の集団に特権を付与するクラス立法であり，合衆国憲法第14修正（平等保護条項）に違反すると判示した（コノリー事件判決，1902年）．そこで①反トラスト法適用除外立法の制定（議会）と②合憲性の獲得（裁判所）が農民運動の2つの課題になった．

　農民運動の第1の課題（適用除外立法の制定）について，1911年，連邦最高裁はシャーマン法の違法性判断基準に合理の原則を採用することを明らかにした（スタンダード石油事件判決）．これによれば農協は不合理な取引制限とは解されず，シャーマン法違反にならない可能性が生まれてくる．連邦議会は合理の原則を法的根拠とし，農民運動を背景に，クレイトン法6条（1914年），カッパー＝ヴォルステッド法（CV法，1922年）を制定した．これを「合理の原則の立法化」という．

　第1に適用除外の根拠であるが，クレイトン法6条の根拠は独占及びトラストの抑圧からの農民の保護であり，そのための結合（農協）の承認（適用除外）であった（Nelson下院議員の発言）．またCV法1条の根拠は，価格決定力がなく，集団交渉すれば反トラスト法訴追される農民に「公正な機会」「対等な立場で販売する機会」を与えるため，会社と同様に農民に「組合を設立することを認め」，「組合を設立する権利」「州際及び外国との通商で活動する権利」を付与することであった．両法とも農民と独占との取引上の格差を問題視し，対等な立場で取引できるよう農民の結合（農協）を承認（適用除外）している．

第8章 結 論　　　　　　　　　　　　　　　　　　　　　167

　第2に適用除外の範囲であるが，クレイトン法6条の範囲は正当目的・適法実施適用除外であった．またCV法1条の適用除外の範囲は詳細な活動要件の範囲であり，要約すれば内部行為適用除外であった．また連邦議会では「ある組織によってなされた行為であって，他の組織によってなされれば違法となる行為を，適法にするものではない」（クレイトン法案審議でのJones上院議員，1914年）とされ，また裁判所も「組合は，他の適法な団体に認められない事業を実施する手段を採用する特権を与えられていない」（キング事件判決，1916年）と判示し，外部行為には反トラスト法が適用されるとした．そして連邦最高裁は農協と第三者との価格協定にシャーマン法1条を適用した（ボーデン事件判決，1939年）．CV法の制定によって農民運動の第1の課題が解決された．

　農民運動の第2の課題（合憲性の獲得）については，1910年代から商品作物販売運動が盛んになり，1920年代には多くの州が政策宣言を定め，排他的販売契約を手厚く保護する標準法を制定した．裁判所はこれを協同組合に対する州の公共政策の変化と受け止め，排他的販売契約を保護した．また連邦最高裁も州反トラスト法適用除外立法を違憲としたコノリー事件判決を覆し，合憲と判示した（ティグナー事件判決，1940年）．これによって農民運動の第2の課題も解決された．なお反トラスト法適用除外立法の到達点の詳細は第5章を参照されたい．

(2) 　原始独禁法24条における反トラスト法適用除外立法の継受

　堀越論文や西村＝泉水論文の先行研究の成果を参考に，上記の研究で得たアメリカ法の知見から基本資料を読み直した．CV法1条の内部行為適用除外（外部行為反トラスト法適用）は，エドワーズ報告書→1947年1月22日までの政府の要綱・法案に継受されてきたが，日本政府の何らかの政策的要請とGHQの承認によって内部行為適用除外に外部行為適用除外と但書が付加された．日本政府が何のためにこのような要請をしたのか，GHQがなぜエドワーズ報告書やCV法1条から逸脱して外部行為適用除外を認めたのか，

解明すべき点が多い．その結果，原始独禁法24条の立法者意思は，「組合の行為」に内部行為と外部行為を含み，本文（原則）－但書（例外）の形式から，内部行為但書控除適用除外と外部行為但書控除適用除外になったと考えられる．CV法1条の内部行為適用除外は独禁法24条に継受されたが，外部行為反トラスト法適用は継受されなかったといえよう．このことが独禁法の適用除外制度に大きな問題を残すことになった．

(3) 適用除外学説と公取委の法運用

学説や公取委は，外部行為を含む広すぎる独禁法24条の適用除外の範囲を限定する方向で解釈し，また法運用をしてきた．第1に学説であるが，新但書控除適用除外説（少数説）は「組合の行為」を独立の要件とは解さず，適用除外の範囲を但書の解釈を通じて限定するものであった．すなわち組合と第三者との価格協定（外部行為）は組合に結集した取引力の第三者との結合による強化であり，反競争的行為の形成であり，組合の基本的趣旨に反し不当性が認められるとするなど，内部行為適用除外を指向しているようにみえる．他方，解釈内部行為適用除外説（多数説）は「組合の行為」を各種協同組合法の共同経済事業又は列挙事業・内部行為と解し，これらに該当しない行為には独禁法を直接適用するとし，文字通り解釈を通じた内部行為適用除外を指向するものであった．

第2に公取委の法運用であるが，農協ガイドラインや行為類型別違反事例を検討すると，組合と第三者との価格協定の場合，理由を示さずに不当な取引制限に該当するという不透明な法運用をしており，解釈内部行為適用除外説に依拠しているようにみえる．さらに公取委は，協同組合の価格決定等に8条を適用した網走協組事件（2015年）において，法の適用欄にこれらの行為が「組合の行為に該当しない」ことを明記し，解釈内部行為適用除外説に依拠していることを明示した．以上のことから学説も公取委も，独禁法24条の適用除外の範囲が外部行為を含み広すぎるところから，立法者意思から離れて，内部行為適用除外を指向していると考えられる．

第 8 章 結 論　　　169

(4) 本研究の分析枠組み

以上の研究に本研究が用いた分析枠組みは，先行研究が指摘した「合理の原則の立法化」とCV法1条の活動要件を要約した内部行為適用除外（外部行為反トラスト法適用）であった．

「合理の原則」はコモン・ロー，シャーマン法の違法性判断基準であり，裁判所が合理の原則を採用すれば，取引を制限する農民の結合（農協）は不合理な制限とは解されず，適法とされる可能性が生まれてくる．しかしその判断を裁判所に委ねては予測可能性が低く，農民の不安は解消されない．そこで適用除外の範囲を明確にするために制定されたのがクレイトン法6条であり，CV法1条であった．適用除外立法は法理論的には「合理の原則の立法化」として説明することができる．

また「内部行為適用除外」は，CV法1条の詳細な活動要件を要約したものであるが，CV法1条→エドワーズ報告書→日本政府の立法過程の前半までの内部行為適用除外の連続性を明らかにするのに有効であり，また外部行為適用除外を含む独禁法24条の問題性を明らかにするのにも有効であった．さらに内部行為，外部行為の区別は学説や審決・命令を分析・整理するのにも有効であった．

以上のようにこれらの分析枠組みは，適用除外外立法の歴史研究や比較法的研究，学説や審決等の分析・整理には有効であったが，個別事件における適用除外の成否を判断するのにどこまで有効なのかは，別途検討する必要がある．

2　独禁法22条の解釈の方向性

以上の研究成果を踏まえて適用除外の方向性を考察しよう．原始独禁法24条の母法であるアメリカの反トラスト法適用除外立法は合理の原則の立法化として制定されたもので，CV法1条の適用除外の範囲は内部行為適用除外であり，日本政府の要綱・法案の前半まで継受されてきた．しかし立法

過程の後半において何らかの政策的要請により外部行為適用除外と但書が付加され，24条になったのである．そこで大枠としてアメリカ法を継受した独禁法22条の解釈の方向性を考えると，やはり内部行為適用除外が適切ではないかと考える．それは母法が内部行為適用除外だからといった形式的な理由だけでなく，実質的にみて内部行為適用除外の方が適切であると考えるからである．その理由はアメリカの反トラスト法適用除外立法は，合理の原則（1894年のノーデンフェルト事件判決によれば「制限が合理的とは関係両当事者の利益及び公衆の利益から見て合理的」）の立法化として制定されたもので，組合員（生産者）間の取引（競争）制限（内部行為）によって得られる利益と公共（消費者）の利益のバランスが実質的にとれていると考えられるからである．

逆に22条のように内部行為だけでなく，外部行為の適用除外を認めると，内部行為による取引（競争）制限に加えて，外部行為による取引（競争）制限も認めることになり，このような二重の取引（競争）制限を認めると，組合員（生産者）の利益が優先され，公共（消費者）の利益が損なわれるおそれがあり，両者のバランスが崩れるからである．

資本主義的市場経済を共通の発生基盤とする独禁法が反競争的行為を規制することによって得られる競争利益と協同組合の取引（競争）制限によって得られる組合員の生活利益，事業利益を調整する枠組みである適用除外制度[1]のあり方としては，内部行為適用除外の方が両者のバランスをとることができ，望ましい適用除外の方向と考えられる．

すると独禁法22条の解釈の方向性も内部行為適用除外となり，22条の立法者意思よりも適用除外の範囲は狭くなる．しかしだからといって筆者は適用除外を不要であると主張するつもりはない．近年の政府の規制緩和政策により貧富の差は拡大し，経済的社会的弱者にとって大企業と対等な立場で取引をする機会を保障する協同組合はますます必要となり，経済的社会的弱者の組合を設立する権利を保障する適用除外はますます重要になるからである．

他方，22条の内部行為但書控除適用除外については，後に述べる理由か

ら，適用除外の範囲をできるだけ寛大に (liberal) 解釈すべきだとも考えている．

3 残された課題

最後に残された課題をいくつか述べておきたい．第1の課題は，戦後アメリカにおける適用除外立法に関する判決の研究である．本研究はアメリカの適用除外立法がどのように原始独禁法24条に継受されたのかという観点から第2次世界大戦終了時までの主要なアメリカの判決を検討したもので，戦後の適用除外に関する判決を検討することができなかった．戦後の判決を研究することによって適用除外の考え方の変化や適用除外の範囲の変化など新たな知見が得られるかもしれない．また行為類型別にアメリカの判決と日本の審決・命令・判決を比較検討してみると，新たな知見が得られるかもしれない．

第2の課題は適用除外の方向性として内部行為適用除外を指向した場合の独禁法22条の解釈論，適用除外学説の構築である．これについて本研究は学説の整理や紹介にとどまった．現在，これを論じる準備はなく，新但書控除適用除外説，解釈内部行為適用除外説の成果に学びながら，将来の課題にしたい．

第3の課題は組合と組合員の間の排他的販売契約（日本では専用契約という）(exclusive marketing contract，内部行為)をどのように寛大に (liberal) 取り扱うのかという課題である．これまで24条の問題性として外部行為適用除外の範囲が広すぎると指摘してきたが，実は内部行為適用除外の範囲が狭すぎるという問題もある．すなわち立法過程の後半で但書が付加された結果，内部行為も但書前段（不公正な取引方法）に該当しない範囲で適用除外されることになり，適用除外の範囲が狭められたのである．そのため先の八重山地区生コン協組事件において，裁判所は「本件制裁規程は公正競争阻害性を帯び『不公正な取引方法』（一般指定13項の『拘束条件付取引』）に該

当するのではないかとの疑問もある」としつつも，①組合内部での過当競争回避による共同販売事業の実効性確保と②自由脱退の保障から「本件統制規程が共同販売を事実上強制するものであるとしても，不公正な取引方法とまでは認めることができない」[2]と判示し，排他的販売契約を認容した．裁判所がこのような疑念をもつ理由は，但書前段が設けられたためであり，このような疑念を払拭する解釈が求められている．

既に検討したように，アメリカは排他的販売契約を寛大に取り扱っているようである．第1に第4章で検討したように，CV法1条は，連邦議会上院において上院代案のシャーマン法1条の危険な蓋然性理論及び連邦取引委員会法の萌芽理論を否決した上で成立したことである．農協の内部行為に対して危険の蓋然性論や萌芽理論を適用することが否定されたと考えられる．第2に第5章で検討したように，アメリカの販売農協は非標準法の段階から定款による排他的販売契約を実施しており，7州の最高裁は排他的販売契約を有効と判示していた．さらに排他的販売契約を手厚く保護する標準法が普及した段階では，14州の最高裁が排他的販売契約を有効と判示している．

日本独禁法において，アメリカの萌芽理論に対応するのが，但書前段の不公正な取引方法（2条9項）であり，公正競争阻害性（公正な競争を阻害するおそれ）である．アメリカの連邦議会上院は内部行為に危険の蓋然性論や萌芽理論を適用することを否決しており，日本においても内部行為である専用契約に不公正な取引方法を適用することには慎重であるべきである．

他方，日本の各種協同組合法は専用契約の保護に概して消極的であり，専用契約に関する規定のある組合法（農協法旧19条，水協法24条）と規定のない組合法（中協法）がある．農協法旧19条の専用契約には農協法制定の特殊事情が反映している．すなわち農協法は農地改革の一環としてケンタッキー法を参考に制定されたのであるが，その立法過程は第6章で検討したように錯綜したものであった．すなわち農林省は農業団体法の農業会に類似した統制色の強い農協法案に固執したため，GHQはこれを認めなかった．そこで農林省が次善の策として提案したのが専用契約であったが，これも

GHQに警戒され，実現したのは契約期間が1年以内で，締結は任意（旧19条），公益違反の契約を取消できる（旧97条）専用契約であった．農協法はケンタッキー法のように排他的販売契約を手厚く保護するのではなく，逆に厳しく規制したのである．

それでは中協法のように規定のない専用契約の場合，どうなるのであろうか．学説は①農協法旧19条，水協法24条を類推して，組合員の自由を著しく拘束しない範囲で専用契約を締結できるとする学説（上柳説，村山説）[3]と②専用契約規定のない中協法上の組合が組合員に専用義務を課すことは，中協法上許されず，独禁法にも違反すると解する学説（根岸説）[4]に分かれている．ここには専用契約を厳しく規制する農協法，水協法の影響や戦後の統制団体除去政策の影響など戦後の特殊事情が反映している．

2015年の農協法改正で専用契約に関する19条が削除された．これを機に専用契約の規定のない組合法上の組合が実施する定款による専用契約が，但書前段（不公正な取引方法）による制約を受けないような解釈を工夫すべきである．その際の専用契約は，契約期間が数年と長期である一方，毎年一定期間に契約からの離脱が認められ，また実損から余り乖離しない損害賠償額の予定が定められたもので，組合の経営の安定と組合員の契約の自由のバランスがとれている必要がある．このような専用契約は組合の内部行為であり，不当性（公正競争阻害性）が認められないという解釈が可能ではなかろうか．いずれにせよ今後の課題である．

以上，残された課題は多々あるが，協同組合のための独禁法適用除外をテーマに研究を始めてからかれこれ20数年が経過した．この辺で一区切りつけて研究成果を公表し，大方のご批判，ご教示を受けたいと思う．

注
1) 明田作「協同組合の独禁法適用除外制度の見直しをめぐる動向と問題点」JC総研『協同組合の独禁法適用除外の今日的意義』23頁（2015）．

2) 那覇地裁石垣支部判1997・5・30判時1644・149.
3) 上柳克郎『協同組合法 法律学全集54巻』75頁（有斐閣, 1960）, 村山光信『解説中小企業協同組合法』40頁（日本評論社, 1999）.
4) 根岸哲「中小企業等協同組合法上の組合の専用義務と独禁法」奥島先生還暦記念『近代企業法の形成と研究 2巻』665頁, 668頁（成文堂, 1999）.

参考文献

【米国連邦議会関係資料】
〈クレイトン法関係〉
下院司法委員会報告：H.R. Rep. No.627, 63^d Cong. 2^d Sess. (1914).
下院司法委員会法案：H.R. 15657 AS REPORTED BY THE HOUSE COMMITTEE ON THE JUDICIARY, 63^d Cong. 2^d Sess. (1914).
下院議事録：51 Cong. Rec., 63^d Cong. 2^d Sess. (1914).
上院司法委員会報告：S. Rep. No.698, 63^d Cong. 2^d Sess. (1914).
上院司法委員会法案：H.R. 15657 AS REPORTED BY THE SENATE COMMITTEE ON THE JUDICIARY, 63^d Cong. 2^d Sess. (1914).
上院議事録：63^d Cong. 2^d Sess. (1914).

〈カッパー＝ヴォルステッド法関係〉
(1) カッパー＝ハースマン法案
下院司法委員会法案：S. 845, IN THE SENATE OF THE UNITED STATES, 66th Cong. 1st Sess. (1914).
上院司法委員会法案：H.R. 7783, IN THE HOUSE OF REPRESENTATIVES, 66th Cong. 1st Sess. (1914).
下院司法委員会公聴会報告：Collective Bargaining for Farmers, Hearing before the Committee on the Judiciary, House of Representatives, 66th Cong. 1st Sess. on H.R. 7783 (1919).
上院司法委員会公聴会報告：Labour, Agriculture, Dairy, and Horticulture Organizations, Hearing before a Subcomm. on the Judiciary, United States Senate, 66th Cong. 2^d Sess. on S. 845 (1920).

(2) カッパー＝ヴォルステッド法案（H.R. 13931, 1920）
下院司法委員会報告：H.R. Rep. No.939, 66th Cong., 2^d Sess. (1920).
下院司法委員会法案：H.R. 13931, 66th Cong., 2^d Sess. (1920)
下院議事録：59 Cong. Rec. 66th Cong., 2^d Sess. (1920).

上院司法委員会報告：S. Rep. No.655, 66th Cong. 2^d Sess. (1920)
上院司法委員会法案：Authorizing Association of Producers of Agricultural Products, Hearings on H.R. 2373 Before a Subcomm. of the Senate Comm. on the Judiciary, 67th Cong. 1st Sess. (1921).
上院議事録：60 Cong. Rec. 66th Cong. 3^d Sess. (1920)

(3) カッパー＝ヴォルステッド法案 (H.R. 2373, 1921)
下院司法委員会報告：H.R. Rep. No.24, 67th Cong. 1st Sess. (1921).
下院司法委員会法案：H.R. 2373, 67th Cong. 1st Sess. (1921).
下院議事録：61 Cong. Rec. 67th Cong. 1st Sess. (1921).
上院司法委員会報告：S. Rep. No.236, 67th Cong. 1st Sess. (1921).
上院司法委員会法案：S. Rep. No.236, 67th Cong. 1st Sess. (1921).
上院公聴会報告：Authorizing Association of Producers of Agricultural Products, Hearings on H.R. 2373 Before a Subcomm. of the Senate Comm. on the Judiciary, 67th Cong., 1st Sess. (1921).
上院議事録：62 Cong. Rec, 67th Cong. 2^d Sess. (1921).

【英語文献】
ABRAHAMSEN, MARTIN A., COOPERATIVE BUSINESS ENTERPRISE 94 (1976).
BAARDA, JAMES, COOPERATIVE PRINCIPLES AND STATUTES (RR No.54, Dep' of Agriculture, 1986).
BAKKEN, HENRY H. & SCHAARS, MARVIN A., THE ECONOMICS OF COOPERATIVE MARKETING (1937).
CAPPER, ARTHUR, THE AGRICULTURAL BLOC (1922).
Ellis, William E., Robert Worth Bingham and the Crisis of Cooperative Marketing in the Twenties, 59 AGRICULTURAL HISTORY 99-116 (1982).
ELSWORTH, R. H., THE STORY OF FARMERS' COOPERATIVES (1939).
EVANS, FRANK & STOKDYK, E. A., THE LAW OF AGRICULTURAL COOPERATIVE MARKETING (1937).
FOX, ELEANOR M. & SULLIVAN, LAWRENCE A. & PERITZ, RUDOLPH J. R., CASES AND MATERIALS ON U.S. ANTITRUST IN GLOBAL CONTEXT (2d ed. 2004).
FREDERICK, DONALD, ANTITRUST STATUS OF FARMER COOPERATIVES : The Story of the Capper-Volstead Act (CIR No.59, Dep't of Agriculture, 1989).
Hanna, John, Cooperative Associations and the Public, 29 MICH. L. REV. 148-190 (1930).
HANNA, JOHN, THE LAW OF COOPERATIVE MARKETING ASSOCIATIONS

(1931).

HULBERT, L.S., LEGAL PHASES OF COOPERATIVE ASSOCIATIONS (Bull. No.1106, Dep't of Agriculture, 1922).

1 JACOBSON, JONATHAN, ANTITRUSUT LAW DEVELOPMENTS (2007).

Johns, Franklin D., Note, The Status of Farmers' Co-operative Associations under Federal Law, THE JOURNAL OF POLITICAL ECONOMY 595-603 (1921).

KILE, ORVILLE MERTON, THE FARM BUREAU THROUGH THREE DECADES (1948).

1 KINTNER, EARL W., THE LEGISLATIVE HISTORY OF THE FEDERAL ANTITRUST LAWS AND RELATED STATUTES (1978).

2 KINTNER, EARL W., THE LEGISLATIVE HISTORY OF THE FEDERAL ANTITRUST LAWS AND RELATED STATUTES (1978).

3 KINTNER, EARL W., THE LEGISLATIVE HISTORY OF THE FEDERAL ANTITRUST LAWS AND RELATED STATUTES (1978).

3 KINTNER, EARL W. & BAUER, JOSEPH P., FEDERAL ANTITRUST LAW (1983).

KNAPP, JOSEHP G., THE RISE OF AMERICAN COOPERATIVE ENTERPRISE : 1620-1920 (1969).

KNAPP, JOSEPH G., THE ADVANCE OF AMERICAN COOPERATIVE ENTERPRISE : 1920-1945 (1973).

KNAPP, JOSEPH G., HISTORY AND PERSPECTIVES OF COOPERATIVE STRUCTURE UNDER THE CAPPER-VOLSTEAD ACT AND THE CLAYTON AMENDMENT, in Proceedings of the National Symposium on Cooperatives and the Law 11-46 (University Center for Cooperatives, University of Wisconsin-Extension, Madison, 1974).

Kovner, Joseph, The Legislative History of Section 6 of the Clayton Act, 47 COLUM. L. REV. 749-765 (1947).

Letwin, William, The English Common Law Concerning Monopolies, 21 U. CHI. L. REV. 355-385 (1954).

NEALE, ALAN D. & GOYDER, D. G., THE ANTITRUST LAWS OF THE U.S.A. (3d ed. 1980)

NOURSE, EDWIN G., THE LEGAL STATUS OF AGRICULTURAL COOPERATION (1927).

PACKEL, ISRAEL, THE LAW OF COOPERATIVES (2^d ed. 1947).

ROY, EWELL PAUL, COOPERATIVES : TODAY AND TOMORROW (1964).

Sapiro, Aaron, Cooperative Marketing, 8 IOWA L. BULL. 193-210 (1923).

ST. SURE, JOSEPH PAUL, RECENT DEVELOPMENT IN THE LAW OF RESTRAINT OF TRADE WITH PARTICULAR REFERENCE TO FARMERS'

CO-OPERATIVE MARKETING ASSOCIATIONS UNDER THE CAPPER-VOLSTEAD ACT (1924) (unpublished J. D. theses, University of California, on file with Berkeley Library).
SULLIVAN, THOMAS & HOVENKAMP, HERBERT, ANTITRUST LAW, POLICY AND PROCEDURE (2^d ed., 1989, 5th ed., 2003).
THORELLI, HANS B., THE FEDERAL ANTITRUST POLICY (1955).

【日本語文献】

明田作「協同組合の独禁法適用除外制度の見直しをめぐる動向と問題点」JC総研『協同組合の独禁法適用除外の今日的意義』7-24頁 (2015).

足羽進三郎『農業協同組合の研究』(北海道大学図書刊行会, 1976).

有泉亨「レイバー・インジャンクション」法学セミナー187号102-105頁 (1971).

石井良三『独占禁止法 過度経済力集中排除法』(海口書店, 改訂増補版, 1948).

糸田省吾「協同組合」正田彬編『カルテルと法律』217-229頁 (東洋経済新報社, 1968).

糸田省吾「第24条」厚谷襄児ほか編『条解独占禁止法』431-438頁 (弘文堂, 1997).

伊従寛「農林中央金庫外三名の独占禁止法違反事件について」公正取引75号20-32頁 (1956).

上杉秋則「カイム判事の実像を求めて」公正取引553号30-37頁 (1996).

上柳克郎『協同組合法 法律学全集54巻』(有斐閣, 1960).

馬川千里「独占禁止法の適用除外としての協同組合の一考察(1)～(5完)」熊本商大論集37号61-83頁 (1972), 38号29-52頁・39号197-222頁・40号1-24頁 (1973)・41号67-91頁 (1974).

馬川千里「協同組合と独禁法の適用除外」駿河台法学17巻2号3-39頁 (2004).

馬川千里「協同組合と独禁法22条」駿河台法学18巻2号1-39頁 (2005).

浦部法穂「アメリカの独占資本と最高裁(1)(2完)」国家学会雑誌84巻11・12号1-53頁, 85巻1・2号59-124頁 (1972).

江上勲「シャーマン法における当然違法の原則と条理の原則の発展について」政治学論集10号1-54頁 (1979).

及川信夫「協同組合と独占禁止法の適用除外の問題」公正取引310号2-7頁 (1976).

大隅健一郎「英米コンモン・ロウにおける独占及び取引制限(1)(2完)」法学論叢53巻227-244頁, 54巻17-37頁 (1947).

大蔵省財政史室『昭和財政史2巻 独占禁止』(東洋経済新報社, 1982).

大蔵省財政史室『昭和財政史17巻 資料(1)』(東洋経済新報社, 1981).

大蔵省財政史室『昭和財政史20巻 英文資料』(東洋経済新報社, 1982).

小倉武一ほか『農協法の成立過程』(協同組合経営研究所, 1961, 2刷2008).

小沢健二「アメリカ合衆国」川野重任『協同組合事典』(新版) 180-186頁 (家の光協会, 1986).

参考文献

小沢健二『アメリカ農業の形成と農民運動』(農業総合研究所, 1990).
折原卓美「合衆国初期反独占政策と州政府」名城論叢 10 巻 2 号 61-78 頁 (2009).
笠原雅之ほか「紀州田辺梅干協同組合及び紀州みなべ梅干協同組合に対する警告について」公正取引 744 号 71-72 頁 (2012).
川添利起『米国に於ける反トラスト法の研究』(司法研究報告書 1 輯 5 号) (1949).
来生新「第 24 条」今村成和ほか『注解経済法 上巻』502-511 頁 (青林書院, 1985).
国弘員人『アメリカ協同組合』巌松堂書店 (1948).
栗田誠「22 条【組合の行為】」土田和博ほか『条文から学ぶ独占禁止法』241-244 頁 (有斐閣, 2014).
小林英夫『サミュエル・ゴムパーズ』(ミネルヴァ書房, 1970).
「公正取引委員会一年の回顧」公正取引 123 号 11 頁 (1960).
公正取引委員会事務局『独占禁止政策三十年史』(大蔵省印刷局, 1977).
公正取引委員会『農業協同組合の活動に関する独占禁止法上の指針』(2007, 2016 改訂).
公正取引委員会『独占禁止政策の歩み (平成 9 年〜19 年)』(2007).
合田公計「占領政策と農協法の成立」『協同組合奨励研究報告』17 輯 265-310 頁 (1991).
実方謙二『独占禁止法 有斐閣法学叢書 4』(有斐閣, 1998).
サミュエル・ゴンパーズ『サミュエル・ゴンパーズ自伝 下巻』(日本読書協会, 1969).
「座談会 最近の独占禁止法違反事件をめぐって」公正取引 778 号 2-24 頁 (2015).
商工省企画室『独占禁止法の解説』(時事通信社, 1947).
白石忠志『独占禁止法』(有斐閣, 2006).
「資料エドワーズ調査団の報告書について」公正取引 323 号 12-18 頁 (1977).
新開勝久ほか「奈良県生コンクリート協同組合による独占禁止法違反事件について」公正取引 606 号 87-91 頁 (2001).
杉浦賢司ほか「網走管内コンクリート製品協同組合に対する排除措置命令及び同組合の構成事業者に対する課徴金納付命令について」公正取引 776 号 63-67 頁 (2015).
鈴木加人『独占及び取引制限規制の法理』(成文堂, 2002).
関尾順市ほか「福井県経済農業協同組合連合会に対する排除措置命令等について」公正取引 777 号 72-76 頁 (2015).
全国農業協同組合中央会ほか「国際協同組合同盟の成り立ちと新しい協同組合原則が決まるまで」『協同組合原則とその解明』96-109 頁 (協同組合経営研究所, 改訂版, 1989).
総合研究開発機構戦後経済政策資料研究会『財閥解体・集中排除関係資料(2)(3)』(日本経済評論社, 1998).
高瀬雅男「農業協同組合と反トラスト法」飯島紀昭ほか『市民法学の成果と展望』515-535 頁 (日本評論社, 2000).

高瀬雅男「協同組合と独占禁止法の新展開」日本経済法学会編『経済法講座　1巻』84-103頁（三省堂，2002）．

高瀬雅男「農業協同組合とシャーマン法」丹宗暁信ほか『構造改革批判と法の視点』251-266頁（花伝社，2004）．

高瀬雅男「農業協同組合とクレイトン法」行政社会論集19巻3号58-104頁（2007）．

高瀬雅男「カッパー＝ハースマン法案（1919年）」行政社会論集21巻1号129-154頁（2008）．

高瀬雅男「カッパー＝ヴォルステッド法案（1920年）」行政社会論集21巻2号94-120頁（2008）．

高瀬雅男「カッパー＝ヴォルステッド法案（1921年）」行政社会論集21巻3号87-114頁（2009）．

高瀬雅男「農務省協同組合法案（1917年）」行政社会論集21巻4号216-235頁（2009）．

高瀬雅男「農業協同組合とカッパー＝ヴォルステッド法(1)(2完)」行政社会論集23巻1号1-53頁，2号1-37頁（2010）．

高瀬雅男「なぜ協同組合は独占禁止法適用除外なのか」農業と経済77巻8号53-61頁（2011）．

高瀬雅男「農業協同組合と合憲性の獲得(1)(2完)」行政社会論集24巻3号59-103頁，25巻2号1-61頁（2012）．

高瀬雅男「アメリカにおける農協経済事業と独禁法適用除外をめぐる情勢」『農協の独禁法適用除外の見直しをめぐる論点（平成23年度北農5連委託調査研究』55-81頁（北海道地域農業研究所，2012）．

高瀬雅男「カッパー＝ヴォルステッド法立法資料」行政社会論集25巻4号61-102頁（2013）．

高瀬雅男「独禁法と協同組合」生協総研レポート77号69-83頁（2014）．

高瀬雅男「アメリカ反トラスト法の成立と適用除外」「独占禁止法第22条をめぐる諸説の検討」JC総研『協同組合の独禁法適用除外の今日的意義』47-62頁，78-93頁（2015）．

竹中喜満太「独占禁止法第24条の『組合の行為』について」公正取引13号10-12頁（1951）．

田中和夫「英米法における取引制限の法理」季刊法律学3号356-409頁（1948）．

田中久美子ほか「山形県庄内地区に所在する農業協同組合に対する警告等について」公正取引770号43-46頁（2014年）．

谷原修身『独占禁止法の史的展開論』（信山社，1997）．

通商産業省通商産業政策史編纂委員会『通商産業政策史2巻』（通商産業調査会，1991）．

辻清明編『資料戦後二十年史2巻 経済』（日本評論社，1966）．

土田和博「協同組合に対する適用除外（22条）」金井貴嗣ほか『独占禁止法』465-471

頁（弘文堂，5 版，2015）．
中小企業行政研究会編『中小企業関係法令集 1』（新日本法規出版，2000）．
豊田太郎「アメリカにおける労働運動の展開」札幌大学総合論叢 34 号 59-71 頁（2012）．
中川雄一郎「ICA 原則の成立と変遷」協同組合基礎理論研究シリーズ第 45 集（農林中金総合研究所，1994），
中窪裕也『アメリカ労働法』（弘文堂，2 版，2010）．
長瀬一治「日米の農業協同組合と独占禁止法の適用除外」本郷法政紀要 4 号 196-255 頁（1995）．
西村暢史＝泉水文雄「一九四七年独占禁止法の形成と展開」神戸法学雑誌 56 巻 2 号 51-286 頁（2006）．
根岸哲「中小企業等協同組合法上の組合の専用義務と独禁法」奥島先生還暦記念『近代企業法の形成と研究 2 巻』663-674 頁（成文堂，1999）．
根岸哲＝舟田正之『独占禁止法概説』（有斐閣，5 版，2015）．
野木村忠邦「シャーマン反トラスト法前史(1)(2 完)」法律時報 47 巻 4 号 71-76 頁，8 号 125-131 頁（1975）．
橋本龍伍『独占禁止法と我が国民経済』（日本経済新聞社，1947）．
馬場宏二『アメリカ農業問題の発生』（東京大学出版会，1969）．
舟田正之「協同組合と独占禁止法」経済法学会編『独占禁止法講座 III』193-234 頁（商事法務研究会，1981）．
舟田正之「組合の行為」根岸哲編『注釈独占禁止法』551-563 頁（有斐閣，2009）．
堀越芳昭「1937 年 ICA 原則の成立と ICA 定款の展開」農協基礎研究 17 号 1-46 頁（中央協同組合学園，1997）．
堀越芳昭「米国対日占領政策の展開と協同組合」農協基礎研究 18 号 1-51 頁（1998）．
堀越芳昭「国際協同組合原則と独占禁止法」経営情報学論集 4 号 105-121 頁（1999）．
堀越芳昭「独占禁止法適用除外制度の成立過程」経営情報学論集 5 号 183-196 頁（1999）．
堀越芳昭「原始独禁法における協同組合適用除外規定の成立」JC 総研『協同組合の独禁法適用除外の今日的意義』25-46 頁（2015）．
堀越芳昭「原始独禁法第 24 条の成立過程：協同組合の適用除外規定の検討」研究年報社会科学研究 67-94 頁（2015）．
松下満雄『アメリカ独占禁止法』（東京大学出版会，1982）．
丸山稔「アメリカ反トラスト法の適用除外と協同組合」商工金融 35 巻 10 号 3-19 頁（1985）．
丸山稔「アメリカにおける協同組合と Capper-Volstead 法」商工金融 35 巻 11 号 27-38 頁（1985）．
水野里香「シャーマン反トラスト法の成立（1890 年）」エコノミア 54 巻 1 号 31-54 頁（2003）．

村上政博『独占禁止法』(弘文堂, 3 版, 2010).
村上政博「協同組合の活動に対する規制」判例タイムズ 1368 号 48-60 頁 (2012).
矢沢惇「アメリカにおける反トラスト法の形成」『企業法の諸問題』352-422 頁 (商事法務研究会, 1981).
ロバート・W・ハミルトン (山本光太郎訳)『アメリカ会社法』(木鐸社, 3 版, 1999).
和田健夫「協同組合」岸井大太郎ほか『経済法』159-161 頁 (有斐閣, 8 版, 2016).

あとがき

　「協同組合のための独禁法適用除外」をテーマに研究を始めてから20数年，ようやく1つのゴールに辿りついた．本研究テーマについて多くの研究者に関心を持ってもらいたく，山あり谷ありの研究の歩みを記しておきたい．
　私が協同組合に学問的関心をもつようになったのは，正田彬先生主宰の『現代経済法講座』（三省堂）の8巻「協同組合」（1993年）で「中小企業等協同組合と法」を担当させていただいた頃からである．協同組合原則に興味を覚えた反面，日本の協同組合法制が縦割りの職能別組合制をとり，行政官庁の監督権限が強い設立認可主義をとっていることに違和感を覚え，外国の協同組合法制に関心をもつようになった．
　もう1つ関心をもったのは独禁法24条の適用除外問題である．当時，経済法学界では協同組合の価格協定，独禁法24条と適用除外法2条の適用除外の範囲の違い，私的独占を適用すべき事件を不公正な取引方法で処理する法運用などが議論されており，これらの問題もアメリカではどのように議論されているのか関心をもった．
　折しも政府の規制緩和政策が本格化し，貧富の格差が拡大するなかで，今後，社会的経済的弱者が自らの生活や事業を守っていくために協同組合が重要になると予想し，定年までの時間も考えて，まずアメリカの適用除外立法を含む独禁法24条の適用除外問題を研究し，ついで外国の協同組合法制を研究するという漠然とした研究計画を立てた．
　独禁法24条はアメリカの適用除外立法（クレイトン法6条，カッパー＝ヴォルステッド法（CV法）など）を継受したといわれているので，見通しのないままアメリカ法の研究から着手した．日本語の文献はほとんどなく，どんな英語の文献があるのかもわからず，2〜3年の間「五里霧中」「暗中模

索」の状態が続いた．そしてようやく NOURSE の LEGAL STATUS（1927年）に出会った．本書はアメリカの農協と協同組合法の発展，反トラスト法と協同組合に関する判決，適用除外立法の制定などをまとめた本で，まさに私の求めていた本そのものであった．本書を読んで研究続行の展望が見えてきた．しかし疑問も湧いてきた．当時の農協には①農協に反トラスト法が適用されるという問題と②制定された州反トラスト法適用立法が合衆国憲法第14修正に違反するという問題（コノリー事件判決，1902年）があることが分かった．②は全く予想外の問題であった．①の問題は反トラスト法適用除外立法を制定すれば解決できる．それでは②の問題はどうすれば解決できるのか．NOURSE の本には答えがない．答えを探すのに時間がかかったが，1940年に先の判決を覆す判決（ティグナー事件判決）がでて，問題が解決されていたことが分かった．これで原始独禁法（1947年）が継受することになる第2次大戦までの反トラスト法適用除外立法の研究の見通しが立った．NOURSE の本に答えがないのは，本書の叙述が1927年で終わっていたからである．

　2001年，同世代の経済法研究者本間重紀氏（静岡大学）が亡くなった．彼は飯田泰雄氏（鹿児島大学）や私とともに民科法律部会商法経済法部会を作った一員であり，自営業者，消費者等の人権を保障し，大企業の人権を否定する人権論的経済法理論を構築中であった．志半ばで倒れた彼を追悼して「農業協同組合とシャーマン法」という論文を捧げた．彼の志をどう引き継ぐのか，残された者の課題は重い．

　第2次大戦までの研究の見通しが立ったところで，クレイトン法6条の研究に着手した．二次資料（図書，論文）だけでなく一次資料（連邦議会議事録，委員会報告，公聴会報告など）を用い，連邦議会での法案賛成派と反対派の争点がわかるように努めた．研究室の書架で長年埃をかぶって眠っていた KINTNER の LEGISLATIVE HISTORY 2巻を利用した．本書は膨大な連邦議会資料の中からクレイトン法に関する法案，委員会報告，下院・上院議事録などを抜粋したもので，誠に便利なものであった．法案や司法委員会

報告を読んで驚いたことは，本法制定以前に農協は「活動」だけでなく「存在」自体も違法とされるおそれがあったことである．これはシャーマン法の違法性判断基準に取引を制限するすべての契約を違法とする原則を採用した場合におきることである．すると農協の存在自体が認められるためには合理の原則の採用が必要になる．以前からこれらの原則は知っていたが，農協の適用除外にも深くかかわっているとは気が付かなかった．その後矢沢惇「アメリカにおける反トラスト法の形成」がこのことを「合理の原則の立法化」として論じていることを知り，適用除外立法は常に合理の原則と関連づけて理解する必要があることを学んだ．つぎに議事録を読んで困惑したのは，下院議員のつぎの発言である．「労働組合が賃上げをすれば営利」，「農協が有利な価格で販売すれば営利」，「農協が共同交渉すれば営利」，誠に信じられない発言が相次ぎ，これらをどのように理解すべきか困惑した．私の非営利概念の理解が間違っているのか，下院議員の理解が間違っているのか，NOURSEによれば下院議員の理解が混乱していたという．もう1つ困惑したのが，上院議員の「ある組織によってなされた行為であって，他の組織によってなされれば違法となる行為を，適法にするものではない」という発言である．一方でクレイトン法6条により適用除外を設けながら，他方で反トラスト法を適用するといっている．この矛盾はどのように解決されるのか，なかなか答えが見つからない．現在では農協の内部行為は適用除外するが，外部行為は一般企業と同じく反トラスト法を適用するという趣旨だと理解している．

つぎに本研究最大の山場であるCV法の研究に取り掛かった．CV法にはLEGISLATIVE HISTORYのような便利な資料はない．一次資料を利用するとすれば，膨大な連邦議会資料の中から関係部分を全部自分で抜き出さなければならない．果たして日本に当時の連邦議会資料はあるのか．困っていたところに，2～3年前から申請していた科学研究費の交付決定通知が舞い込んだ．幸運であった．これを利用してアメリカのワシントンDCにある議会図書館（マディソン館），農務省国立農業図書館，カレッジ・パーク（公

文書館の分館）などで資料を収集することができた．その後，集めた資料を読み込んだ．

　研究を進めるうちにヴォルステッドの鋭い洞察力に感銘を受けた．彼は反対派の攻撃を考慮し，クレイトン法6条には触れず，農民に与える権利を積極的に述べ，組合独占の濫用規制も入れた法案の作成を適用除外立法運動に示唆し，また下院司法委員会委員長として法案成立のため尽力した（しかし次期選挙で落選）．

　他方，法案反対派が多い上院司法委員会の修正案（2条但書や上院代案）をいかに理解すべきか困惑した．上院代案は独占形成の企画の禁止と連邦取引委員会法の適用を提案しており，適用除外を妨害しようとする意図はわかるが，その法理論的意味が分からない．あれこれ考えた末，前者が危険の蓋然性理論により，後者が萌芽理論によりCV法1条の適用除外を早期に骨抜きにする意図であると理解することにした．2010年にCV法に関する研究が完成した．

　この頃から地産地消ふくしまネット（JA福島中央会，県漁連，県森連，県生協連）のシンク・タンクとして福島大学協同組合ネットワーク研究所を設立する構想が進み，福島大学の同僚小山良太氏（農業経済学）とともに参画することになった．2010年11月に研究所の設置を記念して「絆シンポ」が開かれ，協同組合間協同による地産地消は順調に船出したかに見えた．それから4か月後の2011年3月11日，東日本大震災・原発事故が発生し，地産地消は根底から覆された．しかし絆シンポで形成された協同組合間協同が直ちに被災地の復旧・復興のために動き始め，自治体と連携して4段階の食品検査体制の確立に寄与した．協同組合間協同の力を実感した次第である．

　事故後も研究を細々と続けることにし，州適用除外立法の合憲性の獲得の研究に進んだ．ここでは主に標準法の普及運動と排他的販売契約に関する判決を研究した．日本の農協法にも影響を与えたサピロ（協同組合運動家）とビンガム（支援者）の標準法普及運動に心ひかれた．最後に反トラスト法適用除外立法の到達点を確認し，アメリカ法の研究が完了した．アメリカ法の

研究に時間をとられている間に，総合研究開発機構の資料（1998年）や独禁法の立法過程を研究した西村＝泉水論文（2006年）が出たのは幸いであった．

日本法の研究に戻り，独禁法24条による反トラスト法適用除外立法の継受の研究を開始した．一般的にCV法が24条に継受されたことは知られていたが，具体的にCV法と24条の間にある様々な占領文書，日本政府の要綱・法案がどのように結びついているのか読み解くことは難しい．アメリカ法研究で得た知見で基本資料を読んでいるうちに，気が付いた．エドワーズ報告書の内部行為適用除外（外部行為反トラスト法適用）はCV法に由来するのだと．それではカイム試案はどうか．非出資や正当目的からみてクレイトン法6条に由来するのだと．するとCV法の内部行為適用除外（外部行為反トラスト法）はエドワーズ報告書を経て立法過程の途中まで継承されたことがわかる．しかし西村＝泉水論文によれば，その後日本政府の要請とGHQの承認のもとに外部行為適用除外と但書が加えられ，24条ができあがったという．すると24条の適用除外の範囲は外部行為を含み，CV法やエドワーズ報告書の内部行為適用除外より広いことになる．これは新たな発見ではなかろうか．

問題は24条が外部行為を含み適用除外の範囲が広いことを積極的に評価するのか，消極的に評価するのかである．そこで改めて適用除外の法的根拠となる「合理の原則」に照らしてみると，取引を制限する結合（組合）が合理的であるためには，制限が組合員の利益からみて合理的であるだけでなく，公共（消費者）の利益からみても合理的であることが必要であり，内部行為適用除外の方が組合員（生産者）の利益と公共（消費者）の利益のバランスが実質的にとれているようにみえる．またアメリカでは組合も一般企業も同じ反トラスト法に服するとされ，組合と非組合員の協定（外部行為）をシャーマン法違反としたボーデン事件判決がある．

もっとも，外国法を継受するとき，日本の条件に合わせて修正することはよくあることである．それでは24条はどのような理由で外部行為適用除外

を採り入れたのか，その理由は定かでない．今のところ24条を積極的に評価する理由は見当たらない．

　最後に学説の独禁法24条の解釈及び公取委の法運用の研究に取り組んだ．この研究の途中で，公取委が網走協組事件（2015年）において法令の適用欄に「組合の行為に該当しない」ことを明記し，解釈内部行為適用除外説の立場に立つことを明らかにする機会に出会った．要するに学説も公取委も内部行為適用除外の方向を指向していることが分かった．以上の研究を踏まえて，私も先ほど述べた理由から24条の適用除外の解釈の方向性としては内部行為適用除外が望ましいと考えるようになった．

　以上のように本研究は山を越え，谷を越えての研究であった．本研究を気長に見守ってくださった大学院時代の恩師・故清水誠先生，学部時代の恩師・利谷信義先生に本書の刊行をまずご報告しなければならない．本研究が1つのゴールに辿りつくことができたのは，両先生のご指導と励ましのおかげであり，心より感謝申し上げます．またワシントンDCでの資料収集の際に調査先を案内していただいたURTAの海野優・ホアン夫妻（メリーランド州在住）には大変お世話になった．おかげさまで短期間に効率よく資料を集めることができた．

　さらに北海道地域農業研究所，生協総合研究所，JC総研，東北経済法研究会には本研究について報告や論文執筆の機会を与えていただき，感謝申し上げる．特にJC総研では協同組合・独禁法研究会（堀越芳昭座長）の委員に加えていただき，複数の協同組合研究者，経済法研究者と議論できたことは貴重な体験であり，学ぶことが多かった．厚くお礼申し上げたい．また私の経済法研究のベースになっている民科法律部会商法経済法分科会のみなさまには長年にわたり忌憚のない意見交換の場を提供していただき，感謝申し上げる．

　また長年にわたり快適な研究環境を提供してくださった福島大学に厚く感謝申し上げたい．さらに出版事情厳しき折，本書の出版を引き受けてくださった日本経済評論社及び編集の労をとっていただいた清達二氏にお礼申し上

げたい．最後に長年にわたって私の研究生活を支えてくれた妻エツ子に感謝し，本書を捧げたい．ありがとう．

初出一覧

本書掲載にあたっては，一部加筆・修正した．

第1章　問題の所在
　　　　書き下ろし
第2章　農協とシャーマン法
　　　　「農業協同組合とシャーマン法」丹宗曉信ほか『構造改革批判と法の視点』（花伝社，2004）
　　　　「なぜ協同組合は独占禁止法適用除外なのか」農業と経済77巻8号（2011）
第3章　農協とクレイトン法
　　　　「農業協同組合とクレイトン法」行政社会論集19巻3号（2007）
第4章　農協とカッパー゠ヴォルステッド法
　　　　「農業協同組合とカッパー゠ヴォルステッド法(1)(2完)」行政社会論集23巻1号・2号（2010）
第5章　農協と合憲性の獲得
　　　　「農業協同組合と合憲性の獲得(1)(2完)」行政社会論集24巻3号，25巻2号（2012）
第6章　原始独禁法24条の立法過程
　　　　「独禁法と協同組合」生協総合研究所『非営利法人制度研究会成果まとめ』生協総研レポート77号（2014）
第7章　適用除外学説と公取委の法運用
　　　　「独占禁止法第22条をめぐる諸説の検討」JC総研『協同組合の独禁法適用除外の今日的意義』（2015）
第8章　結論
　　　　書き下ろし

著者紹介

高瀬雅男（たかせ まさお）

福島大学名誉教授．1945年栃木県下都賀郡野木村生まれ．69年東京都立大学法学部卒業．73年同大学大学院社会科学研究科基礎法学専攻博士課程中途退学（法学修士）．鹿児島経済大学助手，高知大学講師を経て84年福島大学助教授，92年同大学教授．2011年同大学定年退職．専攻：経済法．

主要業績

「協同組合と独占禁止法の新展開」日本経済法学会編『経済法講座1巻』84-103頁（三省堂，2002）

「農業協同組合とカッパー＝ヴォルステッド法(1)(2完)」行政社会論集23巻1号1-53頁・2号1-37頁（2010）

反トラスト法と協同組合
日米の適用除外立法の根拠と範囲

2017年3月25日　第1刷発行

定価（本体3100円＋税）

著　者　高　瀬　雅　男
発行者　柿　﨑　　　均
発行所　株式会社 日本経済評論社

〒101-0051 東京都千代田区神田神保町3-2
電話 03-3230-1661　FAX 03-3265-2993
E-mail : info8188@nikkeihyo.co.jp
振替 00130-3-157198

装丁＊渡辺美知子　　シナノ出版印刷／高地製本所

落丁本・乱丁本はお取替えいたします　　Printed in Japan
Ⓒ TAKASE Masao 2017
ISBN978-4-8188-2464-5

・本書の複製権・翻訳権・上映権・譲渡権・公衆送信権（送信可能化権を含む）は，㈱日本経済評論社が保有します．

・JCOPY〈㈳出版者著作権管理機構 委託出版物〉
本書の無断複写は著作権法上での例外を除き禁じられています．複写される場合は，そのつど事前に，㈳出版者著作権管理機構（電話 03-3513-6969, FAX 03-3513-6979, e-mail: info@jcopy.or.jp）の許諾を得てください．